道詵國師 裨補風水

국립중앙도서관 출판예정도서목록(CIP)

도선국사 비보풍수 / 지은이: 박봉주. -- 서울 : 상원문화사
, 2016
p. ; cm

ISBN 979-11-85179-17-9 03180 : ₩23000

풍수 지리[風水地理]

188.4-KDC6
133.3337-DDC23 CIP2016001247

道詵國師 裨補風水

朴奉柱 著

道詵國師가 강조한 環境變化에 따른 裨補風水

사람은 만물萬物의 영장靈長이기에 심령心靈이 있다. 사람의 심령을 분석하면 心은 곧 마음이요 靈은 정신이다. 사전에서는 마음과 정신을 같은 뜻으로 풀이하고 있으나, 동양철학에서는 이를 구분하고 있다. 이퇴계李退溪선생이 쓴 성학도聖學圖에는, 우리 마음은 정신을 관장管掌하는 주체라고 설명하고 있다. 따라서 정신은 곧 靈이요 또한 氣인 것이다. 때문에 세계 심령과학자들이 다투어 연구하고 있는 내용도 바로 이 부분이다.

재론再論하면 마음은 靈과 氣를 다스리고 관장한다는 것이다. 그래서 탐욕에 의해 마음이 혼탁해지면 우리의 靈과 氣도 함께 혼탁해진다. 風水地理를 배우는 사람은 그 이론만 외우는 것이 아니라, 우리의 마음이 맑고 예리해질 수 있도록 수심修心을 겸兼해야 한다. 그래야 山의 지기地氣와 통通할 수 있으며 그 氣가 뭉친 혈지穴地를 찾을 수 있는 것이다. 이런 경지에 이른 지사地師를 신안神眼 또는 도안道眼이라 하며, 반대로 재물만 탐내는 자칭自稱 신안은 神眼이 아니라 不信眼이요 도안道眼이 아니라 도안盜眼인 것이다. 탐욕자의 눈에는 진혈眞穴이 절대로 보이지 않는 법이다.

격암格菴 남사고南師古 신안神眼도 지나친 孝心에서 天下大地에 부친을 모시려는 욕심이 너무 컸기 때문에 고사괘지枯蛇掛枝를 비룡상천飛龍上天으로 헛보았다는 구천십장가九遷十葬歌는 풍수지리 학계에서는 유명한 일화로 전해 오는 교훈이다. 위선爲先하려면 먼저 자기 심령을 닦아 적선積善, 적덕積德을 쌓아야 하며 그래야 탐욕없는 진실한 지사를 만나 명당을 얻게 되는 것이다.

구산求山자 중에는 마치 백화점에서 가장 비싼 상품이 최고라고 인식을 하는 것처럼 돈을 가장 많이 받는 지사가 가장 훌륭한 지사인 것으로 착각하는 사람이 많다. 모든 도덕심의 원천은 孝心이다. 때문에 孝는 만행지본萬行之本이라 했다. 그런데 숭조효친崇祖孝親 정신은 급속도로 쇠퇴하고 있다, 바이러스virus가 퍼지듯 자손들은 숭조효친 정신을 외면하고 있는 실정이다.

이러한 사회변화의 주원인은 무엇인가? 그리고 어떤 문화가 주도적으로 우리 민족의 전통적 미풍양속美風良俗을 말살시키고 있는가? 진솔한 답이 절실하다.

교회목사의 설교는 대부분 기복祈福과 권선勸善이다. 복을 받기 위해서는 착한 일을 많이 해야 한다고 권하면서 선의 근본인 효친孝親 숭조사상을 역행하는 것은 큰 모순이요 큰 죄악이다. 그렇기 때문에 신도들은 기하급수적으로 증가하고 있어도 사회윤리 도덕은 찾아볼 수 없게 되었다. 권선勸善의 진리眞理와는 정반대 현상으로 사회는 악화일로이다. 그렇다면 교회가 지향하는 권선의 내용을 크게 바꾸어야 하지 않겠는가? 우리 민족은 크게 반성해야 한다.

뿌리〔祖上〕는 썩어가고 있는데 태양빛〔宗敎〕만 쏘인다고 탐스러운 열매가 열리지 않는 법이다. 필자는 『실전풍수입문(1998. 10. 20. 초판 8쇄)』『한국풍수이론의 정립』『과학적으로 증명하는 현장풍수』『명당의 진리』『풍수지리의 총정리』 등 많은 풍수지리서를 발간하여 여러 대학의 교재로 채택되어 여러 학자들의 찬사를 받음과 동시에 풍수지리 학계의 정화淨化에도 힘써 왔다.

이제 필자는 90세가 넘은 노옹老翁이지만 60년 이상 풍수지리를 공부한 경험을 바탕으로 도선국사道詵國師가 말한 환경변화에 따른 비보풍수裨補風水의 저서를 남겨 풍수학계의 길잡이가 되었으면 한다. 필자의 경험으로는 묘지 주변의 지형 변화〔수목(樹木)이 무성하고 각종 개발 사업으로 山地의 절토, 靑龍·白虎·主龍의 절단〕로 인하여 得水와 破口의 위치가 바뀌는 등 形氣, 理氣

가 동시에 변동되어 크게 화를 입는 사례가 너무도 많아서 그 내용을 열거하여 독자들이 산소에 조금만 관심을 기울여 이러한 화禍를 사전에 예방할 수 있도록 하였으면 하는 생각에서 집필하게 되었다.

거듭 강조하지만 엄동설한 구름 속에 가려져 있는 햇빛〔宗教〕만 쳐다본들 혹한酷寒을 피할 수가 없다. 방안에 있는 조그마한 난로 불〔조상(祖上)의 음덕(蔭德)〕의 옆으로 가까이 가면 추위를 면할 수 있게 된다. 이것이 천리天理인 것이다.

필자의 이 책이 풍수지리 학계의 정화와 사회윤리의 근간根幹인 숭조효친 정신의 회복回復에 일조一助가 되기를 기원하는 바이다.

目次

제1부

비보풍수

1 비보풍수를 다루게 된 동기

풍수지리에서 제일 중요한 것은 새로 묘(墓)를 쓸 때나 구묘(舊墓)를 감정할 때 눈으로 감정할 수 있는 형기(形氣)상의 길흉(吉凶)보다 나경을 통한 이기(理氣)상의 길흉을 정확히 확인하는 일이다.

예를 들면 주산(主山)을 비롯하여 현무봉(玄武峰)·청룡(靑龍)·백호(白虎)·안(案)·조산(朝山)이 요함(凹陷)한 곳 없이 장풍(藏風)이 잘 되었는지, 풍살(風殺)이 없는지, 본신룡(本身龍)이 세 곳 이상 결인처(結咽處)가 있어 삼분삼합(三分三合)으로 배수가 잘 되었는지, 귀사(貴砂) 흉사(凶砂)의 유무(有無), 참암살의 유무, 穴 중 뇌두(惱頭)·선익사(蟬翼砂)·순전(脣氈)·원훈(圓暈)·혈토(穴土)·물형(物形)의 확인 등 육안(肉眼)으로 감별할 수 있는 것을 말한다.

그러나 아무리 형기(形氣)상의 길흉을 세밀히 살핀다 해도 나경을 통한 이기(理氣)상 흉살(凶殺)이 있으면 피해를 막지 못한다. 그렇기 때문에 조상〔祖上=유골〕의 안위(安危)는 형기에 의함이요 자손의 화복(禍福)은 이기에 의함이라 했다. 때문에 형기도 중요하지만 이기도 못지않게 중요한 것이다. 그런데 우리의 현실을 보면 이기상의 흉살을 고려하지 않고 형기에 대한 기초적 이해만으로 묘주(墓主)의 자손들을 슬프게 하는 지사들이 많다.

알기 쉬운 흉살만 해도 입수룡(入首龍)과 좌향(坐向)에서 용상팔살과 쌍금살, 수구(水口)와 향(向)과의 사이에 대황천파와 소황천파, 득수(得水)와 坐向에서 팔요황천살과 팔로사로황천수 등 제일 큰 흉살조차 무시해 버리는 지사들이 많다. 때문에 각처에 있는 구묘를 살펴보면 이러한 흉살을 범한 묘들이 너무도 많다. 묘주(墓主)를 알면 비보라도 해서 다가오는 피해를 막아주고 싶은 생각이 간절해진다. 이런 간절한 생각이 쌓이고 쌓여져 이번에 "도선국사가 말한 비보풍수"를 집필하게 된 것이다.

2 우리 정통풍수正統風水의 현재와 미래

정통(正統)이란 여러 가지 학파(學派) 중에서 학설(學說)을 가장 바르게 계승한 파〔正統學派〕를 말한다. 따라서 정통풍수(正統風水)라고 하면 풍수지리학에 있어서 가장 바르게 계승한 학파를 말한다.

풍수지리 발전사를 살펴보면 다음과 같다.

중국

❶ 중국 한(漢)나라 시대에 청오자가 쓴 『청오경(青烏經)』.

❷ 진(晋)나라 시대의 『금낭경』.

❸ 당(唐)나라 시대〔신라시대〕 양균송이 술법으로만 전해오던 풍수이론을 체계적으로 학문화시켰고 많은 참고도서와 함께 88向法을 정리하였으며 나경봉침을 마련, 수법(水法)을 세밀히 정리하여 그때까지 소홀하게 취급되었던 수법을 중요시하게 하였다.

❹ 송(宋)나라 시대〔고려시대〕 주자(朱子)가 직접 숭조사상과 함께 풍수지리 사상의 보급에 힘썼다.

❺ 명(明)나라〔고려 말부터 조선 중기까지〕 때는 구성법(九星法)의 응용 이론이 널리 전파되었다.

❻ 청(淸)나라〔조선 중기 이후〕 시대에는 『인자수지(人子須知)』 『지리오결(地理五訣) 『지리대전(地理大典)』 등이 발간되었으며 왕도형(王道亨)이 작성한 〈나경투해〉가 작성되었다〔우리나라에서는 광복 후 김동규(金東奎) 선생이 처음으로 번역 출판했음〕.

우리나라

❶ 고려시대 도선국사(道詵國師)가 중국의 풍수지리학을 받아들여 널리 보급하였다.

❷ 조선시대에는 무학대사 등에 의해 보급되었으나 유교를 숭상하는 정도전(鄭道傳)에 의해 억압당했다.

❸ 일제 강점기에는 일본의 식민지 정책에 의해 풍수지리의 미신화에 주력했고 심지어는 명혈(名穴)에 의한 인재(人才)배출을 두려워해서 명혈 파괴 등 온갖 압박을 강행했다. 그러나 일본의 압박 속에서도 숭조(崇祖)정신에 따른 풍수사상(風水思想)은 계속 유지되어 왔다.

❹ 광복 후에는 풍수지리도 일본의 압박에서 해방된 기분으로 묘역(墓域)

을 석물(石物) 등으로 화려하게 조성하고 명혈(名穴)을 구득하기 위해 분주해짐에 따라 돈벌이 위주의 사기성 지사들이 각 대학, 학원, 양성소 등에서 다량 배출되어 기하급수적으로 불어났다. 그 결과 풍수지리는 오히려 孝사상을 멍들게 하여 불신을 받게 되었고 겸해서 조상 우상화와 父母 경시사상을 부추긴 기독교 문화와 아파트 문화에 의한 핵가족 제도, 돈밖에 모르는 배금주의(拜金主義) 사상은 화장문화를 급속히 파급시켰다. 현재는(2013년) 명당을 구해 부모, 조상을 모시기 위해 노력하는 분들은 거의 사라지게 되었고 부모 사망 시 화장이 75%에 이르렀으며 향후 2020년쯤에는 90%에 달할 전망이다.

이처럼 풍수지리뿐만 아니라 우리의 정신문화에 바탕을 둔 우리민족의 전통문화는 서구의 물질문화에 눌려 산업화는 급신장되었지만 정반대로 정신문화는 세계에서 최악의 상태에 이르렀다.

2011년 8월 16일자 TV 및 동아일보 통계에 다음과 같은 내용이 있다.

❶ 신생아 출산율 세계 최하

❷ 이혼율 세계 최고

❸ 자살률 최고

이는 인륜도덕이 세계 최하위라는 뜻이다. 우리나라 정부나 정치인들은 무엇보다 이 세 가지 문제를 근본적인 원인부터 깊이 연구하여 빨리 해결해야 할 중대한 문제이다. 물질문화와 정신문화가 균형을 이뤄야 현 정부가 강조한 행복한 사회가 조성되기 때문이다.

도선국사가 말한 비보풍수란 글자의 뜻과 같이 결함이나 부족함을 채워 보완(補完)하는 것이다. 도선국사는 음택(陰宅)·양택(陽宅)뿐만 아니라 크게는 그 지역 전체에 대한 결함이 있을 경우에 탑(塔)이나 부처님을 모시고 재난(災難)을 미리 예방하기도 하였다.

예를 들면 묘방(卯方)으로 일본이 침범할 것이라 예상하고 그쪽으로 높은 탑(塔)을 세우고 살기(殺氣)를 막았다고 한다. 과학적으로 해석한다면 높은 탑을 세운다고 해서 침범하는 적군을 막을 수는 없을 것이다. 그러나 그 방향에 山이 없어 흉화(凶禍)를 입는다고 했을 때 방어수단으로 자연의 결함을 비보하여 탑을 세우게 되면 산을 대신하여 자연적 조화(造化)를 이루어 살(殺)을 막아주는 것이다. 이러한 방법을 陰·陽宅 풍수지리의 이치로 도선국사께서는 비보풍수로 사용하셨다.

형기적(形氣的)으로 자연의 원형(原形) 그대로 보존되었던 옛날에는 환경 변화요인이 없었기에 문제가 별로 없었는데 근대에는 우리나라가 경제대국으로 발전하면서 도로망은 거미줄처럼 뻗어나고, 山은 잘리고 수로(水路)는 많아지고, 나무는 무성하고 수자원 확보를 위한 댐이 축조(築造)되면서 수백 년 동안 지켜온 고향마저 수몰(水沒)되는 등 주변의 자연환경은 너무나 빠르게 변화하고 있다. 그동안 명당의 발음(發蔭)으로 복을 받고 살아온 자손들은 갑자기 집안 내에 병고(病苦)가 생기고 또 문중이 쇠락(衰落)하는 이유를 모르고 당황하고 있다.

도선국사는 "혈장(穴場) 주위의 형기(形氣)가 알맞게 형성(形成)된 곳은 이기(理氣)도 자연히 맞도록 되어 있느니라."고 강조하셨다. 그러나 형기가 잘 맞으면 이기도 적법하도록 된 자연환경을 각종 개발로 파쇄(破碎)되고 절개(切開)되면서 좋은 기운(氣運)으로 작용해오던 길지(吉地)가 흉지(凶地)로 변하게 되어 그 결과 해당 자손은 갑자기 흉화(凶禍)를 당한 것이다. 이러한 변화 요인의 길흉(吉凶)관계를 분별하고 사전에 예방하는 학문이 비보풍수인 것이다.

1 환경環境이 변變한 사례

필자는 정통풍수지리학회〔풍수지리모임〕의 총무로 활약했던 이제봉씨의 조상님 묘(墓)에 대해서 사례를 들고자 한다.

左旋水 壬坐丙向으로 조장(造葬)되어 있는데 수구(水口)는 현재 巽巳破이다. 그러나 자세히 살펴보니 丁亥 分金으로 재혈(裁穴)이 되어 있었다. 즉, 나경으로 得破를 측정하는 기준이 천반봉침(天盤縫針 = 8층)이기 때문에 정침(正針) 壬坐에 丁亥分金이면 봉침으로는 巳向에 해당되며 원래 수구는 乙辰破이기 때문에 차고소수(借庫消水)가 되어 적법하였다.

※ 88向水法으로는 자생향(自生向)에 해당되어 吉向, 吉水로 부귀(富貴)하며 방방(房房) 장수(長壽)하고 재물(財物)은 크게 성(盛)하며 차손(次孫) 선(先)발복한다 하였다.

※ 장생수법(長生水法)도 쇠(衰)파에 해당되고 역시 吉向, 吉水이다. 그러나 이 門中은 6代에 이르러 예기치 못한 가운(家運) 쇠락(衰落)과 자손 중에 성재지자(成才之者)의 사망(死亡)까지 겹치는 등 인고(忍苦)가 이루 말할 수 없었다 한다.

이제봉씨의 부탁으로 산소를 감정해 본 결과, 그 이유는 주변의 환경변화 요인으로 판단되었다. 원래 봉침으로는 亥坐巳向에 乙辰破였기 때문에 양파(養破) 차고소수파(借庫消水破)로서 길향(吉向), 길수(吉水)였으나 원래 수구(水口)였던 乙辰方에 죽림(竹林)이 번창하게 되어 파구(破口)가 巽巳破로 변해 버렸다. 따라서 巽巳破에는 정침(正針) 壬坐丙向이던, 봉침(縫針) 亥坐巳向이던 모두 다 대흉살(大凶殺)에 해당되기 때문에 가문(家門) 후손들에게 큰 피해가 온 것이다. 이런 경우 자손 중 한 사람만이라도 풍수지리에 관심을 가졌어도 흉화(凶禍)를 사전에 예방했을 터인데 너무나 애석한 일이 아닐 수 없었다.

그러나 늦게나마 이제봉씨가 풍수지리에 관심을 갖고 열심히 공부해 전통풍수의 신묘(神妙)함을 깨닫게 되어 문중에서 일어난 일련의 흉화(凶禍)가 조상님의 묘지 관리 소홀에서 기인된 것으로 알고 필자에게 그 대책에 대한 협조를 부탁하였다. 필자는 흔쾌히 동의하였다.

사전에 알았더라면 엄청난 피해를 막을 수 있었을 것인데 이제라도 재난의 요인을 제거할 수 있는 방책을 찾게 된 것도 참으로 다행한 일이라 생각하였다.

※ 여기서 한 가지 더 언급하면 여러 지관들이 壬坐에 巽巳破는 凶破라고만 할 뿐 비보에 대한 방법을 모색하려는 지관이 없다는 것이다.

2 비보방법 裨補方法

❶ 묘(墓) 앞의 죽림(竹林)을 제거하고 파구(破口)를 乙辰破가 되도록 한다.

❷ 수구처(水口處)를 고쳐도 묘의 좌향(坐向)이 壬坐로 기록되어 있어서 壬坐에 乙辰破는 88向水法으로는 주로 총명한 자손이 상(傷)하고 재산도 쇠퇴(衰退)하고 절손(絶孫)이 우려된다고 했다. 향상포태법(向上胞胎法)도 관대파(冠帶破)에 해당되어 극히 불길하며 장생수법(長生水法)도 관파(官破)로 흉파(凶破)에 해당된다.

❸ 여러 수법(水法)을 적용해 봐도 모두 다 흉하니 어떻게 하면 되는가?

❹ 壬坐로 기록되어 있으나 확실한 분금(分金)은 확인하기 어렵다. 그러나 과거에 크게 발복(發福)받았던 집안으로 보면 丁亥分金을 적용하여 관중법(串中法)으로 봉침 亥坐巳向이 되게 조장(造葬)되었음을 추측할 수 있었다.

❺ 亥坐巳向에 乙辰破일 경우는 88向水法으로는 자생향(自生向)에 해당되어 부귀와 자손이 고루 장수하고 재물도 왕성(旺盛)하며 차손(次孫)이 먼저 발복(發福)한다고 했다. 향상포태법으로는 양파(養破)에 해당되어 차고소수(借庫消水)로 길향(吉向) 길수(吉水)이다. 장생수법으로는 쇠파(衰破)가 되고 이 역시 吉向 吉破가 된다.

③ 관중법串中法에 대한 이해理解

관중법이란 각종 수법(水法)에 있어서는 천반봉침(天盤縫針)을 사용해야 됨은 누구나 다 알고 있지만, 실제로 재혈(裁穴)을 할 때 특히 천간좌(天干坐)일 경우 망명(亡命)에만 맞추기 위해 정침분금(正針分金) 2개 중 우측분금을 사용하면 각종 수법을 보는 봉침(縫針)으로는 그 앞 궁위의 地支坐〔예 : **壬坐의 경우 앞 궁위 地支坐는 亥坐가 됨**〕가 되기 때문에 각별히 조심해야 한다.

◉ 수구(水口)가 을진파(乙辰破)인 경우

재혈(裁穴)시 각종 용법(龍法) : 입수(入首)와 향(向), 망명(亡命)과 분금(分金), 용상팔살(龍上八殺), 쌍금살(雙金殺) 등 때문에 天干坐인 壬坐를 써야 하는 경우, 水法이 맞지 않을 때 위에서 설명한 바와 같이 우측분금을 선택하여 正針은 壬坐이지만 水法을 보는 縫針으로는 亥坐가 되게 하는 방법이다. 즉 正針 壬坐와 縫針 亥坐를 丁亥分金으로 관통(貫通)시켜 龍法, 坐法, 水法이 다 같이 합법이 되도록 조정하는 것을 串中法이라 한다.

④ 결론結論

비보(裨補)를 하여 큰 비용이 들지 않고 피해의 원인을 제거하여 발복(發福)이 계속되도록 할 수 있다면 얼마나 다행한 일이겠는가? 조금만 비보풍수에 대한 이해가 있고 조금만 성의를 가져도 큰 피해를 예방할 수 있는 것이니 풍수지리를 연구하는 분들은 이 비보풍수에 대해 특단의 연구가 필요함을 강조하는 바이다.

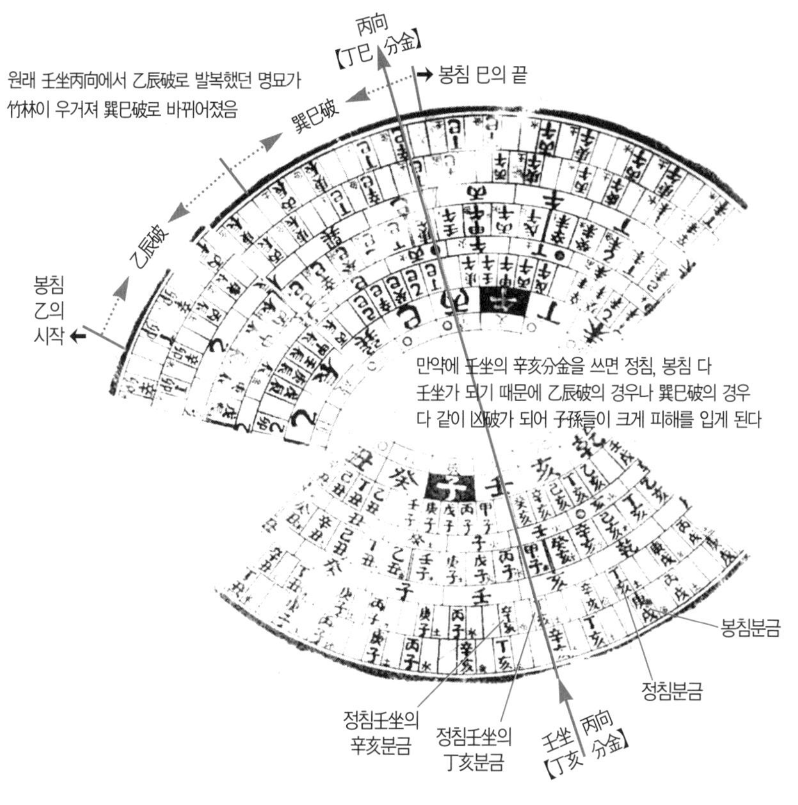

【비보방법과 관중법 설명도】

【죽림(竹林 = 신우대)이 무성(茂盛)하여 파구처가 변형된 장소를 정비하는 장면】

풍수지리의 궁극적 목표는 진혈(眞穴=地氣가 뭉친 곳)을 찾는 데 있다. 진혈이란 명당(明堂)을 말하며, 명당이란 지기(地氣)가 뭉친 곳을 의미한다. 그리고 지기가 뭉친 곳은 크게 다음 네 가지 요건이 갖추어진 곳을 말한다.

- 기맥(氣脈) = 龍脈(氣가 흐르는 용맥)
- 장풍(藏風)
- 배수(排水)
- 지질(地質) = 穴土의 質

위의 네 가지 요점을 형기(形氣)와 이기(理氣)로 나누어 설명하면 다음과 같다.

① 기맥氣脈

가. 형기形氣

위 네 가지 조건은 요령만 터득하면 쉽게 간별(看別)할 수 있는 形氣에 속한 내용들이다. 形氣는 눈으로 간별할 수 있기 때문에 과학적이라고 할 수 있다. 때문에 이 네 가지 形氣를 정확히 터득할 수 있는 요령을 배우는 것이 풍수지리의 1차 목표이다. 일반 풍수지리 책들을 보면 대부분 용혈사수(龍穴砂水) 순으로 설명하면서 그 속에 이 네 가지를 포함시키고 있다.

필자 역시 그런 순서로 집필해 왔지만 이번에는 비보풍수를 강조하기 위해서 위와 같은 순서로 설명하면서 龍·穴·砂·水를 포함시켜 비보풍수에 대해 설명하고자 한다.

나. 이기理氣

망인(亡人)의 안위(安危)는 형기(形氣)에 의함이요, 자손의 화복(禍福)은 이기(理氣)에 의함이라고 했다. 따라서 理氣는 形氣에 못지않게 중요한 것이다.

理氣는 용법(龍法)·혈좌법(穴坐法)·수법(水法)·사법(砂法)·제살법(制殺法) 등을 말하며 理氣가 잘 맞아야 완전한 진혈(眞穴)인 것이다. 부연(敷衍)하면 形氣에 속하는 기맥(氣脈)·장풍(藏風)·배수(排水)·혈토(穴土)의 네 가지는 눈으로 보고 간별할 수 있기 때문에 과학적인 반면, 理氣는 역리(易理)를 총동원하여 추출한 이법(理法)이기 때문에 어렵고 복잡하다. 그러나 도선국사(道詵國師)가 말하기를 "형기가 조화(調和)롭게 잘 갖추어졌으면 이기는 자연히 맞도록 되어 있느니"라고 하셨다. 우주만물(宇宙萬物)이 형성된 연후에 선사(先師)들이 자연의 形氣에 맞추어 풍수지리 理法을 마련한 것이기 때문에 일차적으로는 정확한 形氣를 터득하면서 그에 맞추어 풍수지리 理法을 공부해야 올바른 방법이라 하겠다.

이상 설명한 풍수지리 네 가지 기본요건을 중심으로 마치 선사(先師)들이 자연 形氣 속에서 理法을 도출(導出)해 낸 과정처럼 순서에 따라 중점적으로 그 핵심만을 설명하고자 한다.

다. 지기地氣 = 氣

형기(形氣)로 지기(地氣)를 간별하는 요령을 말하자면 地氣는 눈으로 볼 수가 없다. 뿐만 아니라 인체(人體)의 오감〔五感=시각·청각·후각·미각·촉각〕을 통해 감지할 수도 없다. 그러나 용(龍)의 형세(形勢)에 따라 기(氣)의 강약(强弱)을 확인할 수 있는 방법을 선사들은 다음과 같이 제시(提示)해 주었다.

지기地氣

❶ **풍즉산(風則散)** : 지기는 바람이 불면 흩어져 버린다. 때문에 穴場 내에서는 장풍(藏風)이 잘 되어 바람 없이 따뜻해야 한다.

❷ **수즉지(水則止)** : 물을 만나면 지기는 멈춘다. 때문에 물이 없어야 한다.

❸ **태장즉기약(太長則氣弱)** : 용맥이 너무 크고 길면 기는 弱해진다.

❹ **과직즉기사(過直則氣死)** : 경사가 너무 급하고 곧게 내려온 맥은 사룡(死龍)이다. 氣가 죽는다.

❺ **광직즉기쇠(廣直則氣衰)** : 용이 너무 넓으면 지기는 쇠(衰)하는 법이다.

❻ **기왕즉철돌(氣旺則凸突)** : 지기가 강(强)할수록 땅이 볼록하게 솟는다.

❼ **기쇠즉요함(氣衰則凹陷)** : 지기가 쇠(衰)하면 오목하게 처진다.

❽ **맥조즉기약(脈粗則氣弱)** : 맥(脈)이 거칠면 기가 弱하다.

위의 여덟 가지는 기맥(氣脈)의 강약(强弱), 길흉(吉凶)을 가늠하는 잣대〔公式〕이다. 따라서 이 공식을 잘 적용한다면 氣가 강하게 내려오는 용맥(龍脈)과 氣가 강하게 뭉친 곳을 찾을 수 있다. 이 방법이 엘로드를 이용한 영감을 통한 방법보다 훨씬 정확하고 과학적인 방법이다.

② 장풍藏風

위 사항을 고려하여 토산의 기가 제일 강하게 내려온 본신룡(本身龍)을 찾고 개장(開帳)에 의한 청룡(靑龍)·백호(白虎)·외청룡(外靑龍)·외백호(外白虎)·주산(主山)·현무봉(玄武峰)·안산(案山)·조산(朝山) 등이 함(陷)한 곳 없이 잘 감싸주어 풍살(風殺)을 막고 장풍(藏風)이 잘 되었는지를 살핀다. 본신룡(本身龍)이 좌선룡(左旋龍)·우선룡(右旋龍)인지 확인하여 혈(穴) 앞의 물과 반대로 음양조화(陰陽調和)를 이루었는지를 확인한다.

가. 주산, 청룡, 백호, 안산 및 조산의 방풍防風 역할

지기(地氣)란 풍즉산(風則散)이기에 地氣가 한 군데 뭉친 곳이란 첫째 장풍이 잘 된 곳을 말한다. 때문에 주산과 청룡·백호·안산·조산, 즉 전후좌우 사방이 함(陷)한 곳 없이 혈을 잘 감싸줘야 살풍(殺風)을 막을 수 있어 혈장 내가 온후하고 바람 없이 생기가 뭉칠 수 있게 된다. 반대로 아무리 본신룡이 힘차게 내려왔다 해도 살풍이 몰아치면 地氣가 뭉치지 못하니 혈을 맺지 못한다. 뇌두를 중심으로 아미사를 만드는 것도 혈장 내에 바람이 들어오지 못하게 하기 위함이다.

◉ 어리석은 지사들에 대한 경고

어떤 지사들은 바람도 피하지 못한 높은 곳에 재혈(裁穴)해 놓고 먼 산까지 내려다보이는 것이 아름답다하여 명당이라 떠드는 어리석은 지사들도 있으나 이는 고한(孤寒)을 면치 못하는 고로 남의 가문을 망칠 수도 있다. 그러나 높은 천혈(天穴) 중에도 주위가 잘 감싸여 장풍이 잘 된 곳은 귀혈(貴穴)이 되는 경우도 있으니 이를 분별할 줄 아는 지사가 되어야 한다. 길흉을 분별 못하면서 재욕(財慾)만 앞서서 큰 피해를 입히는 나쁜 지사들은 천벌을 피할 수 없을 것이다. 그래서 옛부터 "용의지오(庸醫之誤)는 불과일인(不過一人)이지만 용사지오(庸師之誤)는 복인전가(覆人全家)라" 했다. 탐욕에 눈이 먼 어리석은 지사들에 대한 경고의 말일 것이다.

❶ 잘못된 재혈과 사산(砂山)의 저함(低陷)에 따른 풍살(風殺)

풍살(風殺) 중에서도 乾亥方, 艮寅方, 乙辰方, 坤申方이 저함(低陷)하면 그곳에서 불어오는 살풍(殺風)이 크게 凶하며 그보다도 팔요황천방과 팔로사로황천방이 낮아 살풍이 불어오면 더욱 凶한 것이다. 이러한 살풍은 패가망신(敗家亡身)을 초래하는 것이니 특히 조심해야 한다.

坐(入首) (나경4층)	八路 黃泉方 (나경1층)	坐(入首) (나경4층)	八曜 黃泉方 (나경1층)
壬子癸 坐	辰方	丙午丁 坐	亥方
丑艮寅 坐	寅方	未坤申 坐	卯方
甲卯乙 坐	申方	庚酉辛 坐	巳方
辰巽巳 坐	酉方	戌乾亥 坐	午方

※좌(坐)에 대한 팔요황천방(八曜黃泉方)에서 득수(得水)가 되면 살수(殺水)가 되며 팔요황천수(八曜黃泉水)라 한다.

※팔요방(八曜方)의 사산(砂山)이 단절 또는 저함하여 그 방위에서 불어오는 바람을 팔요황천풍(八曜黃泉風)이라 한다.

※입수(入首, 坐포함)에 대한 팔요황천방(八曜黃泉方)이 向이 되면 용상팔살(龍上八殺)에 해당된다.

【잘못된 재혈(裁穴)과 사산의 저함에 의한 풍살】

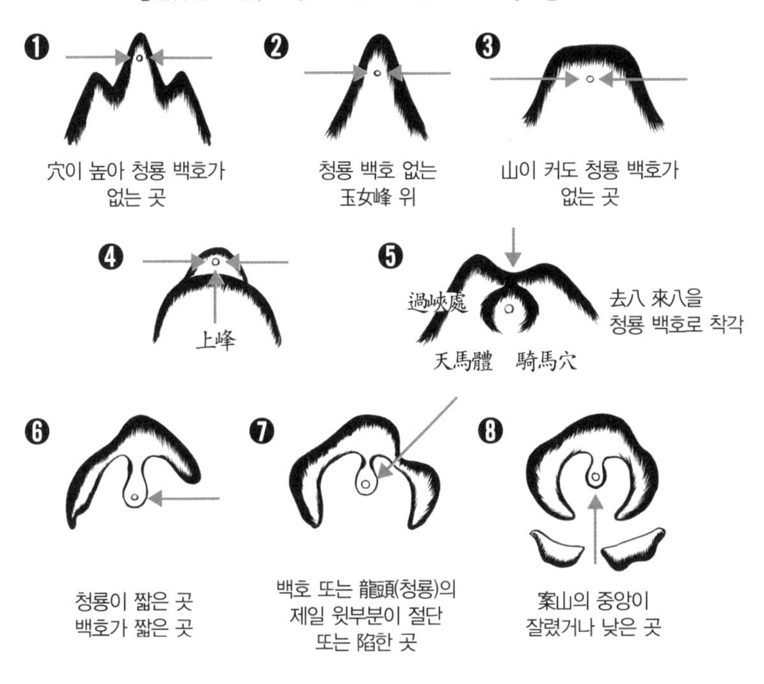

❷ **재혈(裁穴)의 위치(位置 : 天·人·地)에 따른 풍살(風殺), 안산(案山)의 높이에 따라 천혈(天穴)·인혈(人穴)·지혈(地穴)을 결정하되 풍살과도 관련지어 재혈해야 한다. 그리고 앞의 그림과 같은 위치에 있는 혈(穴)은 풍살을 받기 쉬운 곳이니 그런 곳은 재혈을 피해야 한다.**

나. 24방위의 풍살風殺과 피해

- 壬子方의 砂가 저(低)하면 가장(家長)이 요사하고, 함(陷)하면 실인(室人)이 망하고 공허(空虛), 결처(缺處)하면 질병이 많다.
- 癸方의 砂가 저함(低陷)하면 여적(女賊)이 나오고, 低하면 도적(盜賊)을 맞는다. 적(賊)은 타 적보다 노정중(奴丁中 = 친구 보증 등 손재).
- 丑方의 砂가 低陷하면 남자가 실성(失性), 함(陷)하면 여자가 광병(狂病)이 있다.
- 艮方의 砂가 低陷하면 간질병(癎疾病) 등 長病으로 고생한다.
- 寅方의 砂가 低陷하면 호상(虎傷 = 현재는 교통사고)으로 쇠하고 익수(溺水), 중풍, 언청이가 나온다.
- 甲方의 砂가 低陷하면 임신이 어려워 절손(絶孫)되기 쉽다.
- 卯方의 砂가 低陷하면 가우(家憂)가 심하므로 항상 불안하다.
- 乙方의 砂가 低陷하면 두 눈이 멀어지고 아랫사람, 친구들로 인해 피해를 본다.
- 辰方의 砂가 低陷하면 남자가 사망, 패가망신한다. 양자를 들여도 결국 무후하다.
- 巽巳方의 砂가 低陷하면 장녀가 낙태(落胎), 복통(腹痛), 각병(脚病)으로 고생한다.

- 丙方의 砂가 低하면 객사(客死)하거나 실화(失火)가 있다.
- 丁方의 砂가 低하면 요사(夭死) 또는 상처(喪妻)한다.
- 未方의 砂가 低陷하면 남자의 가업이 敗하고 재산을 보전키 어렵다.
- 坤申方의 砂가 低陷하면 교통사고 또는 타인피해(他人被害)가 있다.
- 庚方의 砂가 低陷하면 長子가 亡하고 家產敗家하게 된다.
- 酉方의 砂가 低陷하면 언청이를 낳거나 관재수(官災數)가 있다.
- 申戌方의 砂가 低陷하면 아랫사람으로부터 피해를 보고 봉록(俸祿)이 어렵다.
- 乾亥方의 砂가 低陷하면 요사(夭死)하고 과부(寡婦)가 많이 나고 절손(絶孫)하기 쉽다.

다. 풍살風殺에 대한 비보방법

필자 고향 일가의 조부 묘에 대한 사례이다. 함께 동행한 분에게 묘에 대한 정보를 사전에 말해 주지 말라고 부탁하였다. 답사 결과를 말하자면, 이곳에 묘소를 정할 때 모든 이법과 형기에 문제가 없었다고 한다. 그런데 약 10년 전 묘소 50m 앞으로 고속도로가 개설되면서 백호사(白虎砂)를 잘라 버렸다. 그곳에서 불어온 직살풍(直殺風)은 묘소 앞으로 강하게 불어왔다. 고속도로가 개설된 후로 가정에 아무런 피해가 없었느냐고 물었더니, 도로가 생긴 3년 후 본인의 큰아들이 교통사고로 사망하였다고 했다.

【풍살】

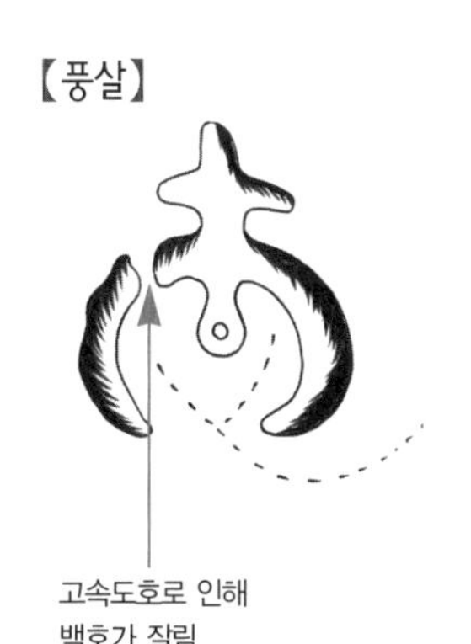

필자는 지금이라도 묘(穴場) 주위로 상록

수〔동백나무, 편백 등〕를 밀식하여 방풍을 해야 한다고 권장하였다.

풍살(風殺)이란 殺 중에서 매우 凶하며 피해가 많다. 만약 처음부터 青龍·白虎·案山이 잘려서 요함(凹陷)·파쇄(破碎)되면 그런 곳에는 묘지를 선택하지 말아야 한다.

③ 배수排水

가. 배수

배수라 함은 혈장(穴場) 내로 물이 들어오지 않도록 건수(乾水), 또는 물을 터는 것을 말한다. 즉, 본신룡이 내려오면서 기복(起伏) 굴곡(屈曲)을 거듭하여 결인처(結咽處)에서 세 번 이상 물을 털면〔三分三合〕 혈장(穴場)에 침수(侵水)는 피할 수 있다. 혈장 내에서도 뇌두(腦頭)가 생기면 그 앞에 결인처(結咽處)에서 물을 털게 되고 다시 뇌두에서 원훈〔圓暈=중심태극운〕까지 두툼하게 이어지는 구(毬)에 의해서 혈장 내 미망수(微茫水)를 털게 되며, 다음에 언급하겠지만 건수는 비석비토(非石非土)인 진토(眞土)가 되면 광(壙) 안으로 물이 들어가지 못한다. 이것이 바로 눈으로 수맥의 유무를 확인할 수 있는 산증거인 것이다.

나. 배수가 안 된 혈장穴場의 비보방법

본신룡(本身龍)이 결인처(結咽處)가 전혀 없이 양룡(陽龍)으로 넓게 평강룡(平岡龍)으로 내려와 그대로 변화가 없는 장소에 묘장(墓葬)을 했다면 100% 건수〔乾水=침수(侵水)〕가 들 확률이 높다. 그런 경우는 穴 뒤에 뇌두(腦頭)를 반월형으로 두툼하게 만들어주고 그 뒤 양쪽으로 굴취하여 결인처(結咽處)를 만들어주면 뇌두 뒤에서 배수가 잘 되기 때문에 문제가 해결된다. 이와 같이 나쁜 혈토(穴土)의 건수 침입을 완전히 비보해주면 총체적 진혈만은 못할지라도 상당 기간 유해(遺骸)를 보존해 주기 때문에 모든 이법(理法)을 잘 맞추어주면 무해지(無害地)는 될 수 있다. 이런 방법은 구묘(舊墓)에도 적용할 수 있다.

다. 용절龍節과 배수排水

- **용절의 기복(起伏) 굴절(屈折)에 의한 삼분삼합(三分三合)**

여기서 논(論)하는 물이란 形氣上으로 어떤 조건이 갖추어져야 물이 천광(穿壙) 안으로 침입할 수 없느냐를 논하는 것이다. 기(氣)는 수즉지(水則止)이기 때문에 지기가 穴 안에 뭉치게 하기 위해서는 물이나 과도(過度)한 습기(濕氣)가 없어야 된다. 물이 천광(穿壙) 내로 들지 않게 하는 조건은 우선 본신룡이 내려오면서 기복(起伏)과 굴곡(屈曲)에 의한 결인(結咽) 또는 박환(剝換)으로 三分三合이 이루어져 물을 잘 털어야 된다. 평강룡(陽龍)으로 물을 털지 못한 채 내려오다 결인도 없고 뇌두(腦頭)도 없이 평탄(平坦)한 곳에 천광을 하면 거의 100% 물이 들기 마련이다. 양래음수(陽來陰水), 음래양수(陰來陽水)가 있어야 물을 털 수 있다.

- **穴 직전의 결인(入首)과 뇌두(腦頭)에 의한 배수(排水)**

다음은 龍이 내려오면서 기복과 굴곡이 거듭 이루어져도 마지막 결인처(入首)와 뇌두의 유무를 확인해야 한다. 뇌두가 확실해야 결인이 분명해지며 氣가 결인처에서 속기(束氣)가 되고 뇌두에서 응결된다.

- **혈장(穴場) 내의 배수구조(排水構造 = 穴場四眞)**

뇌두에서 좌우로 선익사가 생기고 그 안에 미곡(微谷)이 생겨 건수(乾

水)가 잘 흘러가게 되고 중심부에 생긴 원훈(圓暈)을 잘 감싸 주어야 한다. 다음은 미곡(微谷), 순전(脣氈) 지면의 우고(右高), 좌락(左落)으로 배수가 잘 되도록 이루어져야 한다.

그리고 원훈은 주위 지면보다 5㎝~10㎝ 정도 높아야 물을 피할 수 있게 되는 것이 원칙이다. 이처럼 배수(排水)가 잘 되어 지기(地氣)가 혈장 내 원훈에 집결되어 있는 혈장 구조를 혈장사진(穴場四眞)이라고 한다. 즉, 龍·穴·砂·水가 풍수지리의 핵심임은 누구나 다 아는 일이나 보통 용혈사수라 하면 ① 本身龍 ② 穴 ③ 靑龍·白虎·案山·朝山 등 四山과 ④ 내당수 및 외당수를 말한다. 그러나 여기서는 혈장 내 진룡(眞龍)·진사(眞砂)·진수(眞水)·진토(眞土)의 四眞이 갖추어져야 진혈(眞穴)이 된다는 뜻이다. 여기서 穴場四眞을 논(論)한 것은 무엇보다 혈장 내의 배수가 잘 되도록 구조가 되어 있어야 함을 강조하기 위해서이다.

- 眞龍이란 生氣가 모아든 승금〔乘金 = 뇌두〕을 통해 구(毬)로 연결되어 혈에 이르게 되기 때문에 뇌두(腦頭)와 구(毬)가 분명해야 眞龍이다.
- 眞砂란 선익사(蟬翼砂)를 말하며 혈장 중심부에 있는 태극운, 즉 원훈(圓暈)을 감싸주고 원훈 내에 집결한 지기가 흩어지지 않도록 감추어 주는 역할을 하기 때문에 모든 사(砂) 가운데 가장 미세(微細)하면서도 穴에 가장 가깝고 가장 중요한 역할을 한다. 이를 五行상으로 인목(印木)이라 한다.
- 眞水는 태극운〔穴〕을 감싸주고 있는 인목(印木)과 태극운 사이에 생기는 미곡미수〔微谷微水 = 乾水_비가 올 때 흐르는 물〕를 말하며 이를 상수(相水)라 한다. 상수는 진룡과 진혈을 가장 가깝게 감싸주기 때문에 먼 곳의 대강수(大江水)보다 소중하며 상수가 없으면 원훈에 뭉친 생기를 멈추게

하지 못하기 때문에 어느 물보다 귀중하기에 眞水라 한다.

- 眞土는 견고하면서도 광택이 있는 비석비토(非石非土)인 것이다. 이러한 혈토(穴土)는 생기(生氣)를 보존하는데 알맞아야 되며 혈토의 길흉은 穴의 길흉과 직결된다. 혈토가 나쁘면 아무리 국세가 좋고 수법이 맞고 길사(吉砂)들이 늘어서 있어도 眞穴이 아니다.

이상 穴場四眞 중 한 가지만 불길해도 眞穴이 될 수 없으니 조상의 체백(體魄)을 길지에 모시려 한다면 첫째, 혈장 내에 四眞이 갖춰졌는지 여부를 살피고 특히 穴土의 길흉까지도 미리 확인한 후에 결정해야 한다.

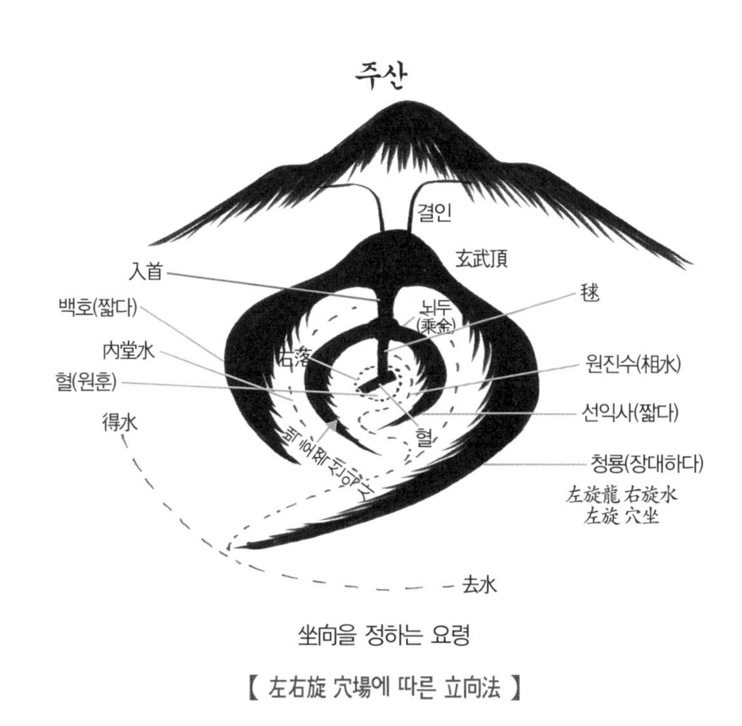

坐向을 정하는 요령

【 左右旋 穴場에 따른 立向法 】

④ 지질地質

가. 혈토穴土

혈토란 혈의 뇌두(腦頭=乘金(승금))·선익사(蟬翼砂=印木(인목))·순전(脣氈)이 둘러싸고 있는 혈장 내 흙으로, 천광(穿壙)할 때 나오는 흙을 말한다. 진혈(眞穴)은 필유진토(必有眞土)라야 한다. 아무리 용혈사수(龍穴砂水)가 형기(形氣)와 이기(理氣)에 적법(適法)하고 상호조화(相互調和)가 잘 이루어져 있어도 혈토가 좋지 않으면 진혈이 아니다. 그러나 모든 형기가 잘 갖추어져 있으면 혈토도 거의 진토(眞土)로 되어 있는 것이 통례이다. 혈토란 토색(土色)에 관계없이 비석비토로 깎으면 광택이 나는 흙을 말한다.

과학적으로 설명하자면 약 알카리성 또는 중성에 가깝고 뼈에 해로운 광물질(鑛物質)이 없는 단단한 혈토를 말한다. 그러므로 퇴적 잡토 또는 부슬부슬한 흙, 습기(濕氣)가 많은 점토(粘土), 밤자갈 땅은 용혈의 생왕(生旺)이나 국세(局勢)의 길흉 여하에 관계없이 진혈토(眞穴土)가 될 수 없다. 혈토를 미리 짐작할 수 있는 요령은 뇌두(腦頭) 뒤의 결인처(結咽處)나 순전(脣氈) 약 1m 밑의 흙을 파보면 혈토의 질을 80% 정도는 예측할 수 있다.

그리고 용세(龍勢)가 생왕(生旺)하고 각종 이법이 맞다 해도 혈토가 나쁘면 진혈(眞穴)이 아니기 때문에 그런 경우는 여러 개의 용맥(龍脈) 중 올바른 본신룡(本身龍)을 다시 찾거나 본신룡을 옳게 찾았다 해도 위와 아래로 다시 혈증(穴證)이 분명한 곳을 찾는다면 가까운 곳에서 진혈지(眞穴地)를 찾을 수 있는 경우가 많다.

나. 나쁜 혈토穴土의 비보방법

혈장사진(穴場四眞) 중에서 다른 여건은 다 眞이지만 穴土만 眞이 아닌 경우의 보완 방법은 다음과 같다.

❶ 다른 곳에서 眞土를 가져다 천광(穿壙)한 후 바닥에 30㎝ 정도의 두께로 보토(補土)한 다음 그 위에 시신(屍身)을 모시는 방법이 있다.

❷ 바닥에 습기가 많은 곳은 천광한 후 참숯을 깔고 생석회를 흙과 5 : 5로 잘 섞어 20㎝ 두께로 돋우고 그 위에 석관(石棺)을 넣고 주변 공간에 배합한 흙을 채우는 방법이 있다.

❸ 결론적으로 나쁜 穴土 대신 여러 가지 비보방법을 사용한다고 해도 眞土가 아니면 그 자리는 眞穴地가 될 수 없다. 때문에 비보를 한다고 해도 지기(地氣)가 없는 곳은 다소의 효과는 있을지 모르지만 발복(發福)은 크게 기대할 수 없다. 단, 무해지지(無害之地)는 될 수 있다고 본다.

다. 석물石物 설치 시 침수 예방

혈장 내에 설치하는 각종 석물은 종류에 따라 여러 가지 목적이 있겠지만 특히 조심해야 되는 것은 석물 설치로 인해 혈장 내에 침수가 되지 않도록 신경을 써야 한다는 것이다.

❶ 뇌두 좌우로 선익사가 있다. 그 안쪽으로 보기 좋게 하기 위해서 돌로 치장한 묘지가 많다. 선익사 끝까지 돌로 치장하기도 하고 위로 절반 정도 반원을 이루는 곳도 있다. 그러나 묘의 밑으로 절반은 별로 피해를 주

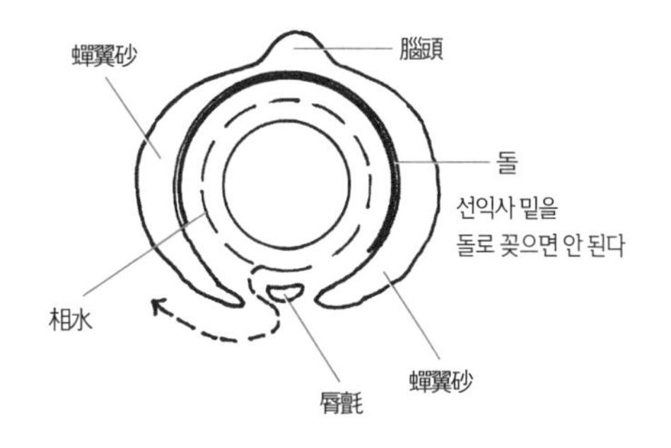

지 않지만 위가 문제이다. 비가 오면 그 돌을 타고 물이 땅 속으로 들어가 천광(穿壙) 내까지 침수되기 쉽다. 또 돌을 세우면 미곡(微谷)이 메워져 버린다. 때문에 선익사는 잔디로 덮고 돌 대신 그곳에 미곡을 확실히 만들어 선익사 위에서 흘러내리는 빗물〔雨水〕이 혈판 중심을 향해서 침범하지 않도록 해야 한다. 그래야 穴 안으로 물이 들지 않아 地氣가 뭉치고 난화(煖火)가 식지 않아 천광 내의 온기가 지속되고 유골인자의 활성화를 기할 수 있음을 명심해야 한다.

❷ 다음은 묘의 봉분 둘레에 땅 속으로 꽂는 둘레석은 오히려 우수(雨水)를 천광 내로 내려보내는 역할을 하기 때문에 절대로 삼가야 한다. 둘레석은 쥐, 뱀, 멧돼지 등의 피해를 예방하는 데에 유익하지만 이러한 목적보다도 보기 좋게 장식한다는 목적이 앞서기 때문에 천광에 침수됨을 생각지 못한 우(愚)를 범해서 명당을 버리는 경우가 많다. 다음의 그림을 참고하여 특단의 주의를 기울였으면 한다. 왜냐하면 묘〔穴〕에는 침수가 제일 흉하기 때문이다

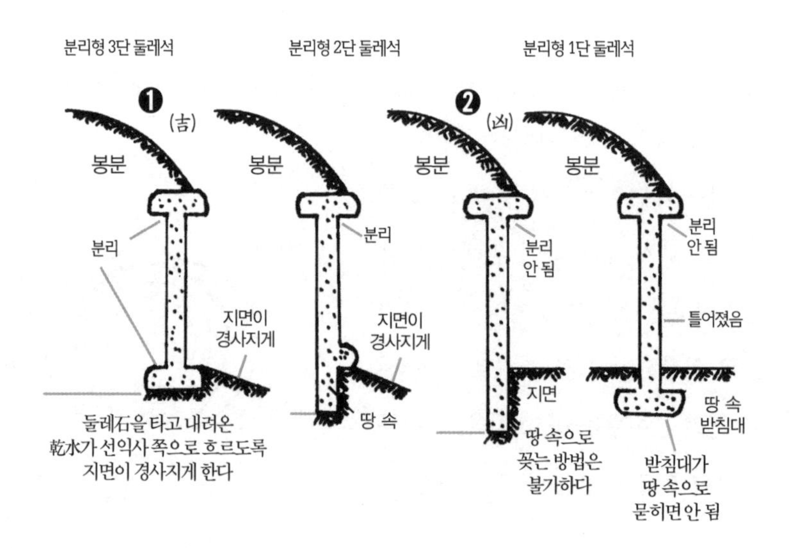

❸ 산신석 등은 선익사 밖으로 설치하거나 그렇지 않으면 산신석이 흙 밑으로 들어가지 않도록 시멘트로 기초를 하고 그 위에 올려놓으면 침수를 예방할 수 있다. 비석(碑石), 상석(床石)도 같은 요령으로 설치해야 한다.

【둘레석(石)의 종류】

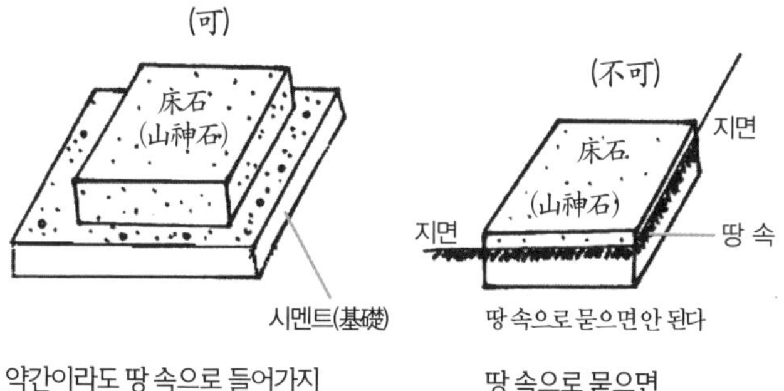

道詵國師 裨補風水

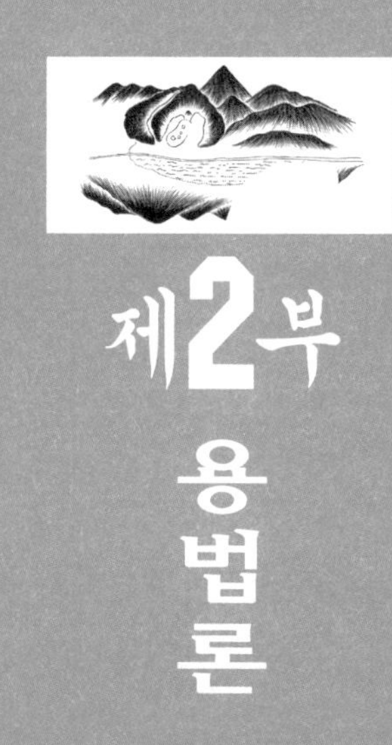

제2부 용법론

제1장 용법龍法의 개요槪要

용(龍)의 진가(眞假) 또는 생왕사절(生旺死絕)의 판단은 곧 지기(地氣)의 생왕사절과 일치한다. 이는 龍의 형기(形氣)와 이기(理氣)에 의해 판단된 것이며 혈의 진결(眞結)은 형기와 이기〔理氣=龍法〕의 합작(合作)으로 이루어진다. 그러니까 비록 龍의 형기, 즉 龍의 외적 형세(形勢)가 아무리 왕성해도 이기, 즉 용법이 맞지 않는다면 그 용혈(龍穴)은 발복(發福)이 미약(微弱)하거나 재앙이 따르게 된다.

반대로 외적 형세(形勢)가 다소 미약할지라도 이기상의 용법이 적법하면 발복은 약할지라도 살(殺)을 피하며 화(禍)를 면할 수 있다. 특히 현세(現世)에서 이기와 형기가 다 같이 갖추어진 결함(缺陷)이 없는 진혈(眞穴)은 극히 드물 것이니 어느 한쪽이 미흡하다고 해도 비보(裨補)가 가능한지 검토하여 보완하는 것이 비보풍수이다.

다음의 순서에 따라 운용 방법 등을 설명하면서 비보방법도 첨가할까 한다.

① 주산主山의 개장開帳과 천심穿心

주산은 종산을 거쳐 용이 내려오면서 양쪽으로 개장하고 중심룡은 양쪽 용에 의해 바람으로부터 보호받으며 굴곡(屈曲)과 기복(起伏)을 거듭하면서 기운차게 내려온 용을 말한다.

개장(開帳)이란 봉(鳳)이나 학(鶴)이 날개를 펴는 것처럼 옆으로 벌어진 것을 말하며, 천심(穿心)이란 마치 나무의 수간〔樹幹=나무의 줄기〕과 같은 역할을 하는 山 전체의 중심축(中心軸)을 말한다. 산이 개장(開帳)하여 양쪽 날개가 주룡(主龍)을 계속 보호하지 못하면 살풍(殺風)을 막을 수 없어 氣가 흩어져〔風則散〕 무기력해진다. 다음 그림과 같이 용호〔靑龍과 白虎〕 절비의 경우도 있다

● **용호절비(龍虎折臂)**

靑龍과 白虎의 어느 한쪽이나 또는 청룡 백호가 다 중간에 끊긴 것을 말한다. 마치 팔이나 다리의 중간이 잘린 것과 같다. 이런 곳에 조상을 모시면 자손들 중 중환자가 많이 생기고 교통사고 등으로 다치거나 죽는다.

◉비보방법

묘를 쓰기 전이라면 용호절비한 곳은 피해야 하며, 우천 시 산사태로 청룡이나 백호가 파쇄(破碎)되었다면 다시 복구해 주는 방법도 있고, 도중에 도로개설 또는 농수로 및 개간사업 등으로 청룡이나 백호가 잘렸다면 이장하는 방법이 제

일이지만 그렇지 못할 경우라면 묘에서 보이지 않도록 상록수(향나무, 가이스까, 가시나무, 동백 등)를 밀식하면 된다. 또 불어오는 바람까지 막아주게 되므로 비보방법이라 할 수 있다.

그리고 용의 중심을 뚫는 천심(穿心)이 확실하지 못하면 분수(分水)도 안 되고 속기(束氣)도 안 되어 지기(地氣)가 흩어져 혈장(穴場)까지 생기가 흐르지 못하여 진혈(眞穴)을 맺지 못한다.

대개의 경우 주산에서 생룡(生龍)으로 내려오다 현무정(玄武頂)을 이루고 그곳에서 개장(開帳)을 하여 청룡과 백호를 형성한 다음 이어서 과협(過峽)

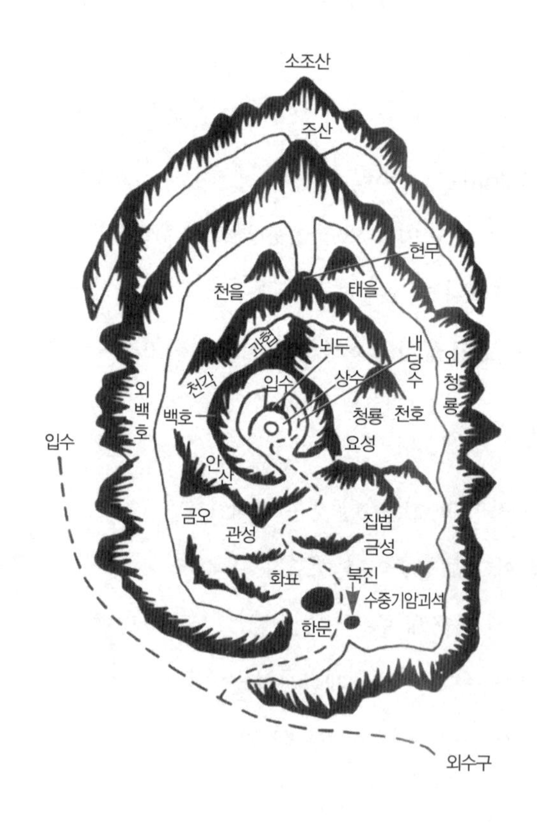

이나 박환(剝換)을 이룬 후 뇌두(腦頭)를 만들며 그 아래 혈장(穴場)을 이루는 것이 보통의 예이다.

② 이기理氣에 의한 생사룡生死龍 감별법

앞에서 용(龍)의 생왕사절(生旺死絕)의 판단을 형기(形氣)로 설명하였으나 다음은 여러 이기법(理氣法)에 대해 설명하겠다.

혈(穴)의 진결(眞結)은 용(龍)의 형기와 이기의 합작으로 이루어지기 때문에 용의 외적 형세가 아무리 왕성하여도 이기가 맞지 않으면 그 龍穴은 발복(發福)이 미약하다.

앞에서 도선국사가 말한 "형기가 맞으면 이기도 맞도록 되어 있느니라." 하는 내용과 모순(矛盾)되는 것 같지만 형기와 이기를 정확히 살피면 일치가 되기 마련이지만 도선국사처럼 정확한 형기를 통해 이기까지 투시할 수 있는 완벽한 실력을 갖춘 사람이 아니라면 형기만으로 속단하지 말고 이기도 철저히 확인해야 한다.

수구(水口)를 다음과 같이 화국(火局)·목국(木局)·금국(金局)·수국(水局) 즉, 四局으로 나누어 각 국의 기포점(起胞点)에서 시작하여 역(逆)으로 절(絕)·태(胎)·양(養)·생(生)·욕(浴)·대(帶)·관(官)·왕(旺)·쇠(衰)·병(病)·사(死)·장(葬)의 순으로 돌려서 용(龍)이나 입수(入首)의 길흉(吉凶)을 확인하는 용법(龍法)이다.

예를 들어 수구(水口)가 火局인 辛戌·乾亥·壬子 방위(破)라면 앞에서 설명한 요령과 같이 庚酉에서 기포(起胞)하여 거꾸로 포태(胞胎)를 돌리면 庚酉는 절(絕·胞)에 해당되고 坤申은 胎, 丁未는 養, 丙午는 生, 巽巳는 浴, 乙辰은 帶, 甲卯는 官, 艮寅은 旺, 癸丑은 衰, 壬子는 病, 乾亥는 死, 辛戌은 葬·墓에 해당된다. 따라서 그중 丙午龍·乙辰龍·甲卯龍·艮

四局	水口의 方位	起胞点(出發點)
火局	辛戌 乾亥 壬子 破	庚酉에서 起胞하여 逆으로 돌린다
金局	癸丑 艮寅 甲卯 破	壬子에서 起胞하여 逆으로 돌린다
水局	乙辰 巽巳 丙午 破	甲卯에서 起胞하여 逆으로 돌린다
木局	丁未 坤申 庚酉 破	丙午에서 起胞하여 逆으로 돌린다

寅龍만 길격(吉格), 생왕룡(生旺龍)이며 기타는 흉격사룡(凶格死龍)에 해당된다.

또 癸丑·艮寅·甲卯方의 金局이라면 壬子에서 출발하여 역(逆)으로 돌리면 壬子〔絕·胞〕, 乾亥〔胎〕, 辛戌〔養〕, 庚酉〔生〕, 坤申〔浴〕, 丁未〔帶〕, 丙午〔冠〕, 巽巳〔旺〕, 乙辰〔衰〕, 甲卯〔病〕, 艮寅〔死〕, 癸丑〔葬·墓〕 즉, 수구(水口)가 金局인 경우는 庚酉龍 입수는 生龍이요 巽巳龍은 旺龍, 丁未龍은 冠帶龍, 丙午는 臨官龍에 해당되기 때문에 길격(吉格) 생왕룡(生旺龍)이며 기타는 흉격(凶格)인 사절룡(死絕龍)에 해당된다.

기타 수국(水局)과 목국(木局)의 경우도 이러한 요령으로 운용하면 쉽게 생왕룡과 사절룡을 확인할 수 있다. 입수룡(入首龍)이 사절룡에 해당되면 용(龍)을 길격(吉格)으로 보호하기는 불가능하므로 입수와 궁합(宮合)이 맞는 수구(水口)로 바꾸기 위해 나무〔常綠樹=동백나무 등〕를 조림(造林)하는 방법도 있다. 그러나 이런 인위적 비보(裨補)보다는 자연 상태에서 궁합이 맞는 것이 제일 중요하다.

제3장 수구사국용법水口四局用法의 운용運用과 비보방법

수구사국(水口四局) 용법이란 본신룡 형세(形勢)가 수구와 궁합이 맞느냐를 보는 방법이다. 穴을 중심으로 入首龍이 수구와 궁합이 맞으면 길룡(吉龍), 불합(不合)이면 흉룡(凶龍)으로 간주한다. 따라서 入首가 혈좌(穴坐)와 합법(合法)이 되어야 하기 때문에 굴착기〔포크레인〕가 아무리 힘이 강하다 해도 거대한 龍을 이법(理法)에 맞도록 바꿀 수는 없는 것이다.

다른 조건은 합법(合法)인데 入首와 水口만이 불합(不合)이라면 나무를 심어 비보를 하는 방법과 또 나무가 무성하여 흉파구(凶破口)가 되었다면 벌목(伐木)을 하여 入首와 합법이 되도록 하는 방법이 있다. 그러나 대부분 모든 여건이 이법(理法)에 맞는데 수구와 입수의 궁합만이 불합인 경우는 흔치 않다고 본다. 이런 경우는 혈장사진(穴場四眞)을 세밀히 살펴서 진혈(眞穴) 여부를 확인한 후 비보를 결정해야 될 것이다.

새로 묘지를 정할 때, 즉 재혈(裁穴)할 때보다는 구묘(舊墓)의 경우 주변 환경이 변하여 모든 이법에 문제가 생기므로 다시 원상으로 고쳐주는 비보가 더욱 절실하고 그런 사례가 훨씬 많은 실정이다.

● **15도수법 :** 산매(山媒)란 용(龍)의 배합(配合)이 잘 되도록 중매한다는 뜻이다. 즉 陰과 陽을 짝짓고 도수(度數)를 맞춰줌으로써 진룡(眞龍)을 찾는 방법이다.

【後天八卦 陰陽五行과 숫자】

四正龍(子午卯酉): 坎, 震, 離, 兌

卦	坎	艮	震	巽	離	坤	兌	乾
陰陽	陰	陰	陰	陽	陽	陰	陽	陽
五行	水	土	木	木	火	土	金	金
숫자	1	8	3	4	9	2	7	6

四胎龍(乾坤艮巽): 艮, 巽, 坤, 乾

巽 陽 4	離 陽 9	坤 陰 2
震 陰 3	中 5	兌 陽 7
艮 陰 8	坎 陰 1	乾 陽 6

● **四正龍의 15度水法 및 천덕룡법(天德龍法)의 예**

① **감(坎), 건(乾), 간(艮)**……坎龍이 우선〔右旋 : 여기서 우선이란 壬子에

서 乾亥까지를 말함)하면 壬脈을 거쳐 乾脈을 만나고 乾脈에서 다시 艮脈을 찾아 짝을 이룬다. 즉 乾은 陽이요 艮은 陰이니 乾과 艮이 짝이요 坎이 중매를 하며, 乾6 坎1 艮8을 合하면 15度가 되므로 이를 15도수법(度數法) 또는 산매법(山媒法)이라고 한다.

② 坎·艮·乾……坎龍이 좌선(左旋)하면 癸脈을 거쳐 艮脈을 만나고 艮脈에서 다시 乾脈을 찾아 짝한다.

※坎正龍이 乾·艮脈으로 뻗어 오다가 巽角(그림참조)이 있으면 巽 角에 穴을 정하기도 한다. 震, 離, 兌, 正龍에서도 그림 내용과 같이 角이 생기면 穴證을 잘 살펴 定穴할 수 있다. 이를 天德龍法이라고 하며 그림을 참조하기 바란다.

③ 震·艮·巽……震龍이 우선(右旋)하면 甲脈이 생기고 이어서 艮脈을 만나고 艮脈에서 다시 巽脈을 취하여 짝을 이룬다. 즉, 艮은 陰이요 巽은 陽이니 震(卯)이 艮과 巽 사이에서 陰陽을 맞춰 짝을 이루도록 중매하니 震3 艮8 巽4로 15도수법에도 부합된다.

④ 震·巽·艮……震(卯)龍이 좌선(左旋)하면 乙脈이 생기고 이어서 巽脈을 만나니 巽脈에서 다시 艮脈을 취하여 陰

陽이 짝하고 겸하여 15度數를 맞춘다.

※그림을 角이 지게 나타내면 식별하기 용이하다.

⑤ **離·巽·坤**……離〔午〕龍이 우선(右旋)하면 丙脈이 생기고 巽脈이 나오니 巽脈에 이어 坤脈을 취하여 짝한다. 즉, 巽은 陽이요 坤은 陰이니 離〔午〕가 巽脈과 坤脈을 仲媒함이요 離9 巽4 坤2로 15도 수법에 부합된다.

⑤와 ⑥

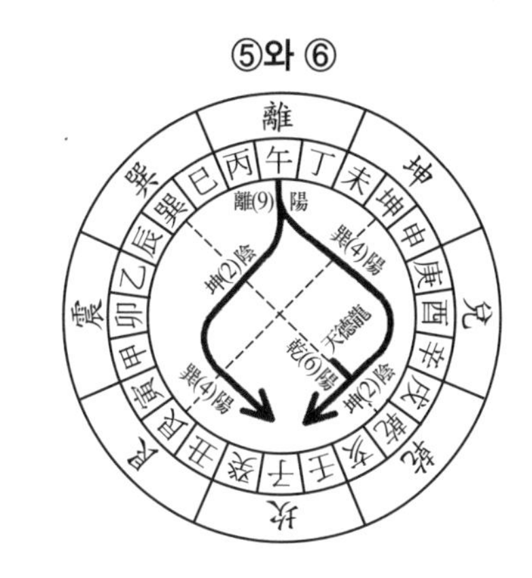

⑥ **離·坤·巽**……離〔午〕龍이 좌선(左旋)하면 丁脈이 생기고 아래 坤脈으로 이어지니 坤脈에 이어 巽脈을 취하여 陰陽을 짝하고 15度數를 맞춘다.

⑦ **兌·坤·乾**……兌〔酉〕脈이 우선(右旋)하면 庚脈이 생기고 다음 坤脈으로 이어지니 坤脈 아래서 乾脈을 취하여 짝한다. 즉, 坤은 陰이요 乾은 陽이니 兌〔酉〕가 坤과 乾을 짝하도록 仲媒한다. 따라서 兌7 坤2 乾6으로 15도수법에 부합된다.

⑦과 ⑧

⑧ **兌·乾·坤**……兌龍이 좌선(左旋)하면 辛脈이 생기고 그 아래 乾脈이 생기니 乾脈 아래에서 坤脈을

취하여 乾과 坤으로 짝하여 15도수법을 맞춘다.

※ 중매역(仲媒役)인 子·午·卯·酉의 四正龍이 짧으면 龍의 交合이 빠른 것이니 길게 늘어지면 게으른 것이어서 仲媒하는 四正龍이 짧고 마디[節]가 속(束)한 龍 아래에는 眞穴이 맺지만 仲媒[四正龍]가 너무 길어 마디가 늘어진 龍 아래에는 眞穴을 맺기 어렵다.

제5장 사태룡四胎龍의 산매법山媒法과 15도수법度數法

사태룡(四胎龍)도 사정룡(四正龍)처럼 15도수법(度數法)이 적용된다. 다만 四胎(乾·坤·艮·巽)에서 시작하여 90도 각(角)으로 꺾이고 그후 四正龍으로 꺾이면 15도수법이 적용되며 45도로 꺾이면 산매법(山媒法)에 해당된다.

산매(山媒)란 陰과 陽을 짝짓도록 중매(仲媒)한다는 뜻이다. 양룡(陽龍)인 巽龍이 陽龍인 午龍과 음룡(陰龍)인 卯龍을 중매하여 짝을 이루도록 한다는 뜻이다. 때문에 산매법(山媒法)을 교구법(交媾法), 태교법(胎交法), 용교법(龍交法) 등 여러 가지로 표현하지만 그 뜻은 같다.

四正龍(子·午·卯·酉)에서 시작하는 산매법의 끝은 四胎龍(乾·坤·艮·巽)으로 끝나고 四胎龍(乾·坤·艮·巽)으로 시작되면 四正龍(子·午·卯·酉)으로 끝난다.

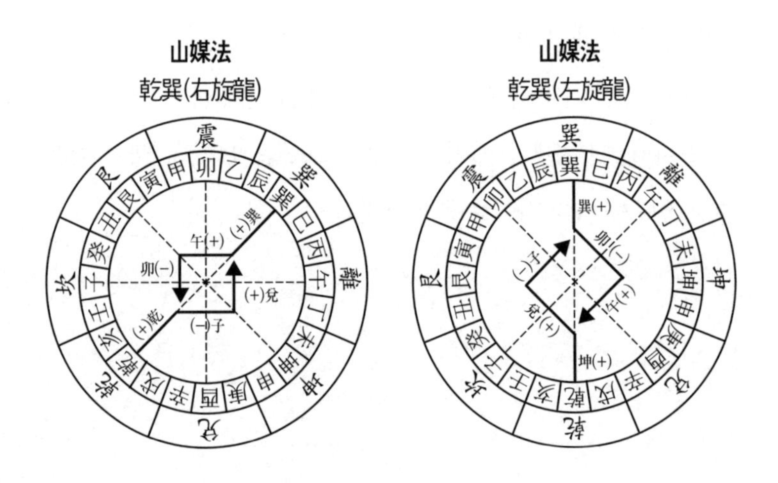

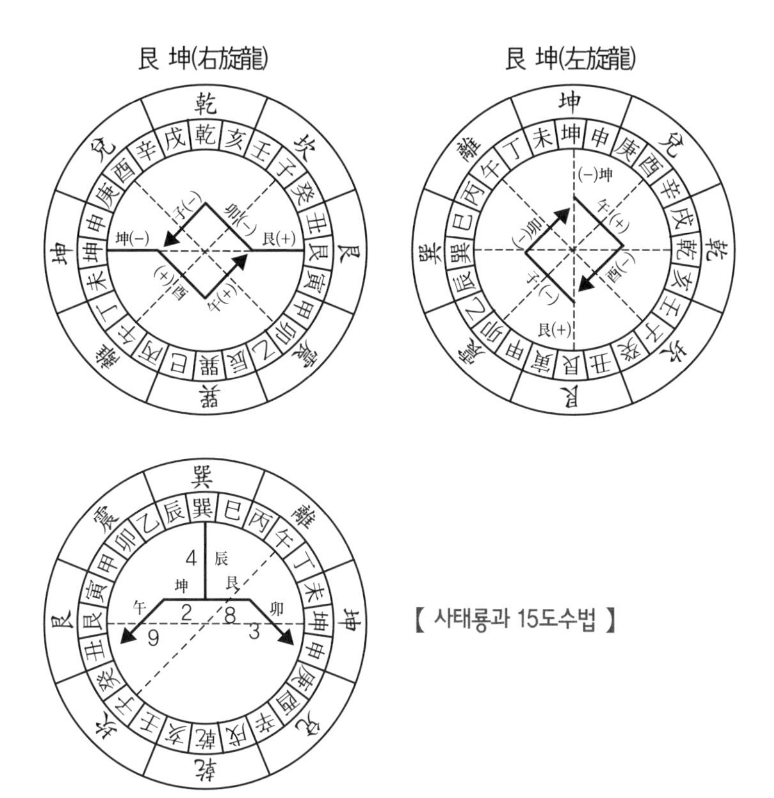

【 사태룡과 15도수법 】

子·午·卯·酉 四正龍을 중심으로 중매하여 (乾·坎·艮), (艮·震·巽), (巽·離·坤), (坤·兌·乾)처럼 교합〔山媒法〕하고 15度數가 되지 않고도 龍脈을 보아 眞穴을 찾는 방법이 있다. 이를 반배법(反背法)이라 한다.

예1 〔그림〕에서처럼 坎〔子〕正龍이 壬을 끼고 우선(右旋)함에 乾으로 내려가다가 艮脈을 만나야만 교합〔交合=山媒〕되고 또 15度數에도 부합되지만 만일 乾脈은 있으나 艮脈이 없으면 15도수가 성립되지 않으므로 불가하다. 그러나 乾脈 아래에 辛脈이 있으면 辛脈을 취하여 穴을 정할 수 있다. 艮·丙·辛〔火局〕이 삼합(三合)이므로 辛이 艮을 대신해 주기 때문이다.

예2 〔그림〕에서처럼 坎〔子〕癸로 우선(右旋)하는 龍이 艮脈만 있고 그 아래 乾脈이 없으면 역시 坎·乾·艮으로 15度數로 交合이 안 되기 때문에 그 艮脈 아래 甲脈이 있으면 甲脈을 취하여 穴을 정한다. 乾·甲·丁〔木局〕이 三合이므로 甲이 乾을 대신해 주기 때문이다.

예3 〔그림〕에서처럼 震(卯)甲으로 右旋하는 龍이 甲脈 아래 艮脈은 있으나 巽脈이 없으면 震·艮·巽의 15度數 交合이 이루어지지 못하므로 그 艮脈 아래 癸脈이 있으면 癸脈을 취하여 穴을 정한다. 이는 巽·庚·癸〔金局〕가 三合이므로 癸脈이 巽을 대신해 주기 때문이다.

- **卯·乙로 左旋하는 龍이 巽脈만 있고 艮脈이 없을 경우 대신 丙脈을 취한다**〔艮·丙·辛(火局)이 三合이므로 丙脈이 艮을 대신한다〕.
- **離(午)丙으로 右旋하는 龍이 巽脈만 있고 坤脈이 없으면 대신 乙脈을 취한다**〔坤·壬·乙(水局)이 三合이므로 乙脈이 坤脈을 대신한다〕.
- **離(午)丁으로 左旋하는 龍이 坤脈만 있고 巽脈이 없으면 대신 庚脈을 취한다**〔巽·庚·癸(金局)가 三合이므로 庚脈이 巽脈을 대신한다〕.
- **兌(酉)庚으로 右旋하는 龍이 坤脈만 있고 乾脈이 없으면 대신 丁脈을 취한다**〔乾·甲·丁(木局)이 三合이므로 丁脈이 乾脈을 대신한다〕.
- **兌(酉)辛으로 左旋하는 龍이 乾脈만 있고 坤脈이 없으면 대신 壬脈을 취한다**〔坤·壬·乙(水局)이 三合이므로 壬脈이 坤脈을 대신한다〕.

※ **사정룡의 반배법에서는 右旋이면 乙·辛·丁·癸入首요,**
左旋이면 甲·庚·丙·壬으로 入首해야 합법이다.

四正龍에서 처럼 乾·坤·艮·巽 四胎龍을 중심으로 仲媒하여 산매법 또는 15도수법에 해당되지 않고도 眞穴을 찾는 방법이다. 이 역시 반배법(反背法)이라 한다.

예1 처럼 乾龍이 右旋하여 酉(兌)龍으로 내려가다 子(坎)龍을 만나야만 교합(交合=山媒)되지만 만일 子龍이 없으면 대신 申龍을 취하여 穴을 정할 수 있다. 申·子·辰이 三合이므로 申이 子를 대신해 준다.

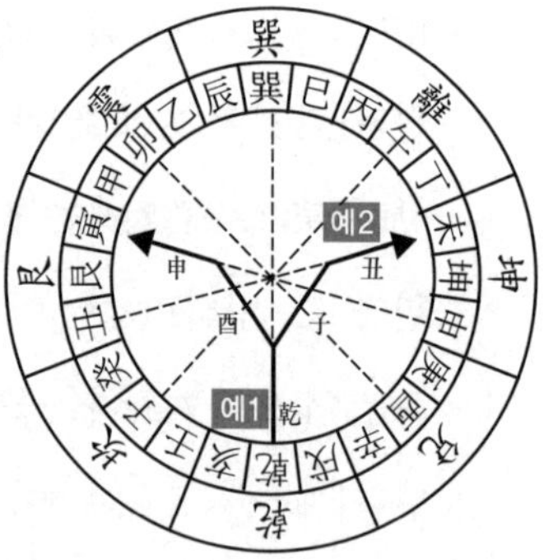

예2 처럼 乾龍이 左旋하여 子(坎)龍으로 내려가다 酉(兌)龍을 만나야 交合이 되지만 만일 兌龍이 없고 丑龍만 있으면 丑龍을 취하여 穴을 정할 수 있다. 巳·酉·丑이 三合이므로 丑이 酉(兌)를 대신해 준다.

예3 에서처럼 坤龍이 右旋하여 離(午)龍으로 내려가다가 兌(酉)龍을 만나야 交合이 되지만 兌龍이 없고 巳龍만 있으면 巳龍을 취하여 定穴할 수 있다. 巳·酉·丑이 三合이므로 巳가 酉를 대신해 준다.

예4 에서처럼 坤龍이 左旋하여 兌龍으로 내려가다 離(午)龍을 만나야 交合이 이뤄지지만 午龍이 없고 戌龍이 있으면 戌龍을 취해 定穴할 수 있다. 寅·午·戌 三合이므로 戌이 午를 대신하기 때문이다.

예5에서처럼 艮龍이 左旋하여 卯(震)龍으로 내려가다 子(坎)龍을 만나야 交合이 되지만 만일 坎龍이 없고 辰龍만 있으면 辰龍을 취해 定穴할 수 있다. 申·子·辰이 三合이므로 辰이 坎을 대신해 준다.

예6에서처럼 艮脈이 右旋하여 子(坎)龍으로 내려가다 卯(震)龍을 만나지 못하고 亥龍을 만나면 定穴할 수 있다. 亥·卯·未가 三合이므로 亥가 卯를 대신해 주기 때문이다.

예7에서처럼 巽龍이 右旋하여 震(卯)龍으로 내려가다 午龍을 만나지 못하고 대신 寅龍을 만나면 定穴할 수 있다.

寅·午·戌이 三合이므로 寅이 午를 대신해 주기 때문이다.

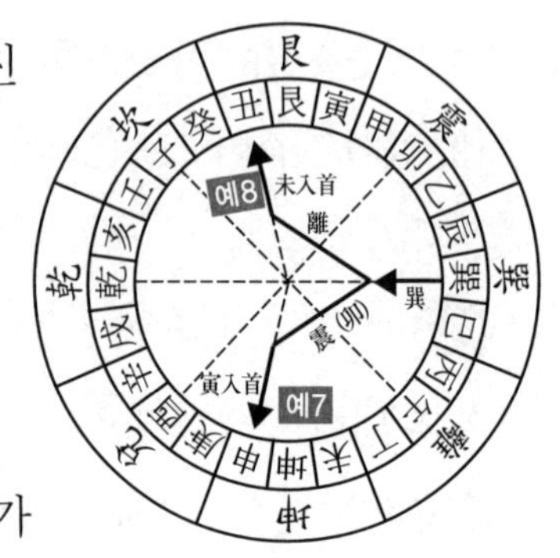

예8에서처럼 巽龍이 左旋하여 午(離)龍으로 내려가다 卯龍을 만나지 못하고 대신 未龍을 만나면 未龍에 定穴할 수 있다. 亥·卯·未가 三合이므로 未가 卯를 대신해 주기 때문이다.

※ 乾·坤·艮·巽 四胎龍의 **반배법에 있어서도 종합적으로 말하자면** 右旋**이면** 寅·申·巳·亥 入首**요,** 左旋**이면** 辰·戌·丑·未 入首**라야 합법이다.**

여러 가지 용법(龍法) 중에는 위에서 설명한 것 외에도 순수 혈좌법(穴坐法) 사정룡(四正龍) 및 사태룡(四胎龍)의 생룡(生龍)과 사룡(死龍) 등에 관한 내용은 필자가 지금까지 출간한 여러 권의 저서에서 자세히 설명했기 때문에 비보풍수(裨補風水)를 골격으로 하는 본 책에서는 생략하기로 한다. 그리고 풍수지리에서 일왈(一曰) 龍이라 하였으니 龍의 生旺死絕이 너무도 중요하기 때문에 참고로 설명하였을 뿐 비보로 死龍을 生龍으로 만들 수도 없으므로 비보와는 별로 관계가 없음을 이해하기 바란다.

다음 조견표를 보면 이해하기 쉬울 것 같아 총괄적으로 정리하였다. 다음 용법들만 잘 이해하면 어느 산에 가든지 어느 용법에 해당하는지 구별할 수 있다(용절 약도만 모아 요약하면 답산시 더욱 편리하다).

龍	左右旋龍	發祖(龍)	중간龍節	끝龍(入首)	龍 法	龍節 略圖
四正龍	左旋龍	子	乾	艮	15도수법 (15度數法)	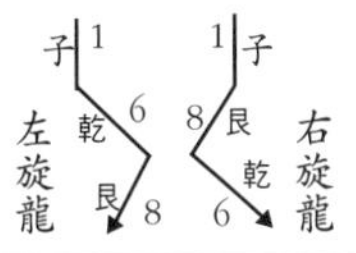 左旋龍: 子 1 → 乾 6 → 艮 8 右旋龍: 子 1 → 艮 8 → 乾 6
	右旋龍	子	艮	乾		
	左旋龍	子	艮	甲脈	반배법 (反背法)	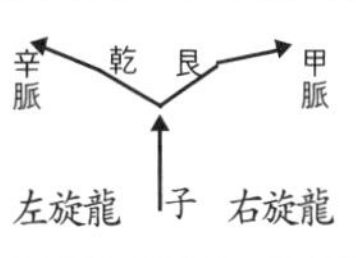 辛脈 乾 艮 甲脈 左旋龍 子 右旋龍
	右旋龍	子	乾	辛脈		
	左旋龍	子	震(卯)	乙入首	생룡법 (生龍法)	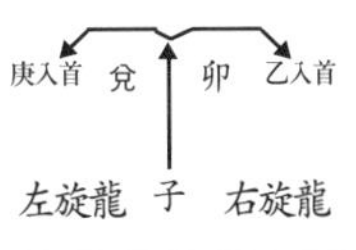 庚入首 兌 卯 乙入首 左旋龍 子 右旋龍
	右旋龍	子	兌(酉)	庚入首		
	左旋龍	子	艮	乾⇒子	순수용법 (脣守龍法)	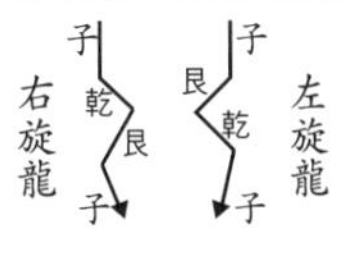 右旋龍: 子 → 乾 → 艮 → 子 左旋龍: 子 → 艮 → 乾 → 子
	右旋龍	子	乾	艮⇒子		
	左旋龍	子	乾	艮⇒巽	천덕용법 (天德龍法)	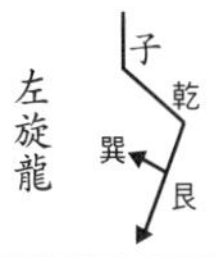 左旋龍: 子 → 乾 → 艮, 巽

龍	左右旋龍	發祖(龍)	중간龍節	끝龍(入首)	龍 法	龍節 略圖
四正龍	左旋龍	午	巽	坤	15도수법 (15度數法)	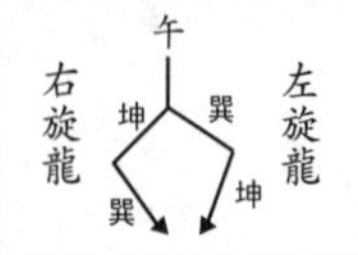 午 右旋龍 坤 巽 左旋龍 巽 坤
	右旋龍	午	坤	巽		
	左旋龍	午	坤	庚脈	반배법 (反背法)	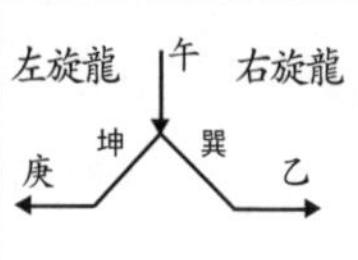 左旋龍 午 右旋龍 坤 巽 庚 乙
	右旋龍	午	巽	乙脈		
	左旋龍	午	兌(酉)	辛入首	생룡법 (生龍法)	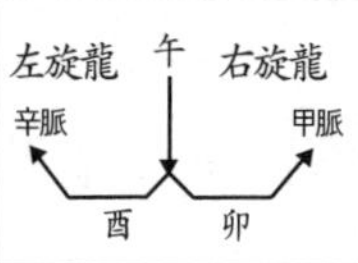 左旋龍 午 右旋龍 辛脈 甲脈 酉 卯
	右旋龍	午	震(卯)	甲入首		
	左旋龍	午	坤	巽 午坐 丁坐	순수용법 (脣守龍法)	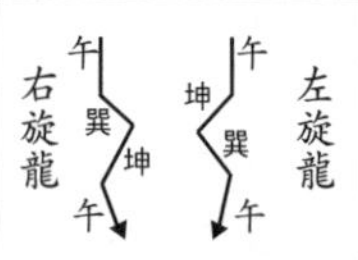 午 午 右旋龍 巽 坤 坤 巽 左旋龍 午 午
	右旋龍	午	巽	坤 午坐 丙坐		
	左旋龍	午	巽	坤⇒乾	천덕용법 (天德龍法)	 午 左旋龍 巽 乾 坤
	左旋龍	卯	艮	巽	15도수법 (15度數法)	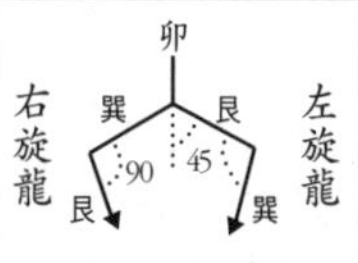 卯 右旋龍 巽 艮 左旋龍 90 45 艮 巽
	右旋龍	卯	巽	艮		
	左旋龍	卯	巽	丙脈	반배법 (反背法)	艮 巽 癸脈 丙脈 右旋龍 左旋龍 卯
	右旋龍	卯	艮	癸脈		
	左旋龍	卯	午	丁入首	생룡법 (生龍法)	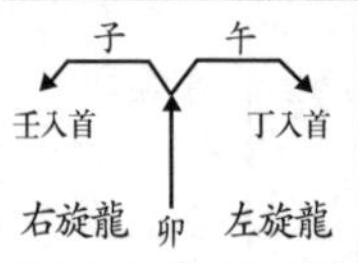 子 午 壬入首 丁入首 右旋龍 卯 左旋龍
	右旋龍	卯	子	壬入首		
	左旋龍	卯	巽	艮⇒卯	순수용법 (脣守龍法)	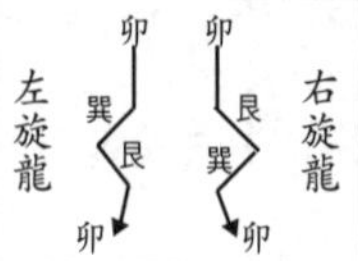 卯 卯 左旋龍 巽 艮 艮 巽 右旋龍 卯 卯
	右旋龍	卯	艮	巽⇒卯		
	左旋龍	卯	艮	巽⇒坤	천덕용법 (天德龍法)	 卯 艮 左旋龍 坤 巽

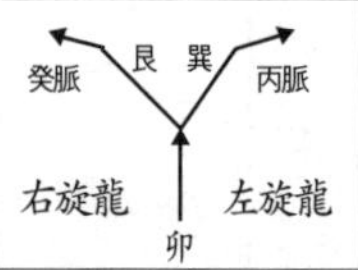

龍	左右旋龍	發祖(龍)	중간龍節	끝龍(入首)	龍 法	龍節 略圖
四正龍	左旋龍	酉	坤	乾	15도수법 (15度數法)	酉 右旋龍 乾 坤 左旋龍 坤 乾
	右旋龍	酉	乾	坤		
	左旋龍	酉	乾	壬脈	반배법 (反背法)	丁脈 坤 壬脈 乾 右旋龍 左旋龍 兌
	右旋龍	酉	坤	丁脈		
	左旋龍	酉	子	癸入首	생룡법 (生龍法)	午 子 丙入首 癸入首 右旋龍 酉 左旋龍
	右旋龍	酉	午	丙入首		
	左旋龍	酉	乾	坤⇒酉	순수용법 (脣守龍法)	兌 兌 左旋龍 乾 坤 坤 乾 右旋龍 酉 酉
	右旋龍	酉	坤	乾⇒酉		
	左旋龍	酉	坤	乾⇒艮	천덕용법 (天德龍法)	酉 左旋龍 坤 艮 乾
四胎龍	左旋龍	乾	酉	子	산매법 (山媒法)	乾(+) 乾(+) 左旋龍 酉(+) 子(+) 右旋龍 子(−) 酉(+)
	右旋龍	乾	子	酉		
	左旋龍	乾	子	丑入首	반배법 (反背法)	乾 左旋龍 右旋龍 丑入首 子 酉 申入首
	右旋龍	乾	酉	申入首		
	左旋龍	乾	艮	寅入首	생룡법 (生龍法)	左旋龍 乾 右旋龍 寅入首 未入首 艮 坤
	右旋龍	乾	坤	未入首		
	左旋龍	乾	子	酉⇒乾	순수용법 (脣守龍法)	乾 乾 左旋龍 子 酉 酉 子 右旋龍 乾 乾
	右旋龍	乾	酉	子⇒乾		
	右旋龍	乾	子	酉⇒午	천덕용법 (天德龍法)	乾 子 午 右旋龍 酉

龍	左右旋龍	發祖(龍)	중간龍節	끝龍(入首)	龍 法	龍節 略圖
四胎龍	左旋龍	巽	卯	午	산매법 (山媒法)	
	右旋龍	巽	午	卯		
	左旋龍	巽	午	未入首	반배법 (反背法)	
	右旋龍	巽	卯	寅入首		
	左旋龍	巽	坤	申入首	생룡법 (生龍法)	
	右旋龍	巽	艮	丑入首		
	左旋龍	巽	午	卯⇒巽	순수용법 (脣守龍法)	
	右旋龍	巽	卯	午⇒巽		
	右旋龍	巽	午	卯⇒子	천덕용법 (天德龍法)	
	左旋龍	艮	子	卯	산매법 (山媒法)	
	右旋龍	艮	卯	子		
	左旋龍	艮	卯	辰入首	반배법 (反背法)	
	右旋龍	艮	子	亥入首		
	左旋龍	艮	巽	巳入首	생룡법 (生龍法)	
	右旋龍	艮	乾	戌入首		
	左旋龍	艮	卯	子⇒艮	순수용법 (脣守龍法)	
	右旋龍	艮	子	卯⇒艮		
	右旋龍	艮	卯	子⇒酉	천덕용법 (天德龍法)	

龍	左右旋龍	發祖(龍)	중간龍節	끝龍(入首)	龍 法	龍節 略圖
四胎龍	左旋龍	坤	午	酉	산매법 (山媒法)	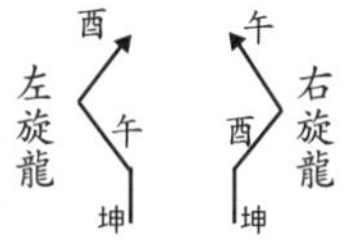 酉 午 左旋龍 午 酉 右旋龍 坤 坤
	右旋龍	坤	酉	午		
	左旋龍	坤	酉	戌入首	반배법 (反背法)	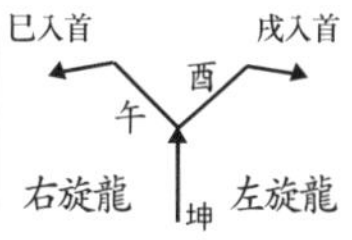 巳入首 戌入首 酉 午 右旋龍 坤 左旋龍
	右旋龍	坤	午	巳入首		
	左旋龍	坤	乾	亥入首	생룡법 (生龍法)	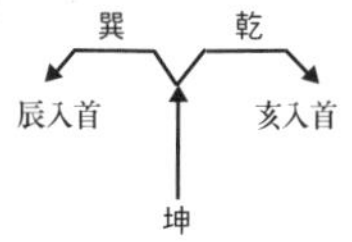 巽 乾 辰入首 亥入首 坤
	右旋龍	坤	巽	辰入首		
	左旋龍	坤	酉	午⇒坤	순수용법 (脣守龍法)	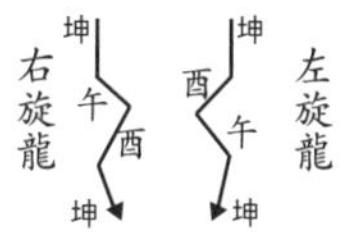 坤 坤 右旋龍 午 酉 酉 午 左旋龍 坤 坤
	右旋龍	坤	午	酉⇒坤		
	右旋龍	坤	酉	午⇒卯	천덕용법 (天德龍法)	 午 右旋龍 卯 酉 坤

道詵國師 裨補風水

제3부

본신룡과 좌·우선룡의 구별

❀ ❀ ❀

앞에서 설명한 여러 가지 용법(龍法)을 일일이 따지지 않더라도 일직선으로 기복(起伏)과 굴곡(屈曲)이 없고 결인처(結咽處)도 없는 상태로 30m 이상 길게 뻗어 내려오면 어떤 龍이던 吉龍이 될 수 없으며 특히 癸丑·辛戌龍이 그와 같으면 절손룡(絕孫龍) 또는 사절룡(死絕龍)이라 하여 예로부터 극히 凶龍으로 취급해 왔다.

그리고 본신룡이 옆 좌우에 있는 龍보다 높거나 30m 이상 넓게 평강룡으로 기복(起伏)과 굴곡(屈曲)도 없이 내려온 龍은 本身龍이 될 명분이 전혀 없는 龍이다.

그와 반대로 일일이 용법에 맞추지 않아도 결인처가 한두 군데라도 있고 기복이 한두 군데라도 있으면 生龍으로 보아도 된다. 필자의 체험으로는 앞에서 설명한 복잡한 용법에 不合 여부를 따지지 않아도 위에 설명한 形氣상 조건만 갖추어진 龍이라면 左·右旋 용법은 맞는 것으로 간주하고, 다음 제일 중요한 것은 龍의 左·右旋을 정확히 구분할 줄 알아야 된다고 생각한다.

일찍이 『88향진결』을 쓴 김명제(金明濟) 선생의 저서 무기해(戊己解)의 제일 앞면에 龍의 左旋과 右旋에 대해 다음과 같이 서술하였다.

"一 日 龍이요 용을 논하기 위해서는 무엇보다 먼저 龍의 左·右旋에 대해서 확실히 인식해야 된다고 했다. 필자 역시 여러 도서를 보면 가끔 左·右旋을 정반대로 기술했으며 左旋龍이 陽이요 右旋龍이 陰인데도 정반대로 해설하였고 심지어는 좌수도우(左水倒右) 즉 좌선수야(左旋水也)라 했는데 반대로 左水가 우선(右旋)하였으니 곧 右旋水라고 설명한 지사도 있다. 이처럼 左·右旋에 대한 해석이 구구하니 독자들은 어느 것이 정답인지 혼란스럽기만 하다. 실제로 답산(踏山)을 해보면 左·右旋水를 구분 못하는 지사(地師)들이 너무나 많다."

필자는 이러한 현실을 통탄하면서 龍이나 물〔水〕의 左·右旋에 대한 정확한 확인이 얼마나 중요한가를 다시 한 번 강조해 두고 싶다. 즉, 龍의 左·右旋은 곧 풍수지리의 최종 목적인 진혈(眞穴)을 얻기 위한 여러 가지 중요사항이 자동적으로 달라진다는 것이 자연의 진리이기 때문이다. 다시 말하자면 左·右旋龍의 둘 중에는 어느 한쪽으로 결정이 되면 다음 표의 내용과 같이 8가지 사항이 자동적으로 결정되며, 또 그에 맞도록 형성(形成)이 되어야 그 안에 진혈(眞穴)이 맺히는 것이다. 따라서 龍의 左·右旋과 반대되는 물〔水〕의 左·右旋에 대한 정확한 판단은 풍수지리의 기본이며 무엇보다 먼저 알아야 할 중요한 사항임을 명심해야 한다.

事項 左右旋	左右 旋水	龍虎 長短	左右旋 穴場	左右 蟬翼砂 長短	穴場地 高低	左右旋 穴坐	左耳乘氣 右耳乘氣	主山 位置 左右	龍의 左右旋에 따라 8가지는 자동 결정
左旋龍	右旋水	靑龍 長大	右旋 穴場	白虎쪽 蟬翼砂 長大	左高 右落	左旋 穴坐	右耳乘氣	左側	
右旋龍	左旋水	白虎 長大	左旋 穴場	靑龍쪽 蟬翼砂 長大	右高 左落	右旋 穴坐	左耳乘氣	右側	

혈지의 참된 진혈(眞穴)은 좌선룡(左旋龍)에서는 우선수(右旋水)가 장대(長大)한 靑龍 끝에서 역관(逆關)하고, 우선룡(右旋龍)에서는 좌선수(左旋水)가 장대(長大)한 白虎 끝에서 역관(逆關)해야 된다. 원진수(元辰水)와 내당수(內堂水) 그리고 외당수(外堂水)는 서로 반대 방향으로 역관(逆關)해야 격에 맞는 것이다.

【인자수지에서 설명한 左旋龍과 右旋龍】

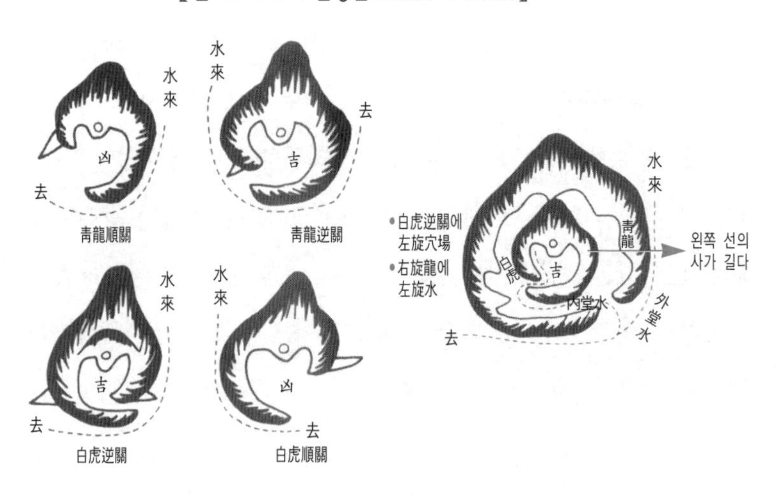

1 진룡眞龍 여부에 대한 비보방법

앞에서 설명한 바와 같이 여기서 眞龍이란 本身龍을 말하는 것이 아니다. 生氣가 모여든 뇌두〔腦頭=乘金(승금)〕를 통해 혈〔穴=圓暈(원훈)〕에 이르기까지 氣를 연결시켜 주는 띠를 구(毬)라 하기 때문에 입수처에서 뇌두를 거쳐 穴까지 이어주는 구(毬)까지를 龍이라 했으며 그 과정이 뚜렷하게 나타나 있으면 眞龍이라 한다.

이 毬는 뇌두에서 흘러내리는 건수(乾水)를 양쪽 미곡(微谷)으로 흘러내리게 하여 혈장 속으로 건수(乾水)가 스며들지 못하도록 하는 중요한 역할을 한다. 때문에 이 毬가 뚜렷하면 이곳이 제1 분수처(分水處)이며 뇌두 바로 위에서 제2 분수처가 이루어진다. 이렇게 혈증(穴證)이 분명할 때 주산에서 뇌두에 이르는 龍이 한 번만 중간에서 결인(結咽)해도 三分三合이 되어 배수가 잘 이루어진다. 그런데 혈장 바닥을 굴삭기로 다듬으면서 원래 있던 毬도 파헤쳐 평탄작업을 해 버리는 경우가 대부분이다. 혈장을 다듬는 작업을 할 때는 가운데 穴과 뇌두의 사이를 아래 그림처럼 약 30㎝ 폭을 남겨놓고 양쪽을 穴 바닥보다 약 10㎝ 정도 높게 정리하면 자연히 미곡(微谷)이 만들어지게 된다.

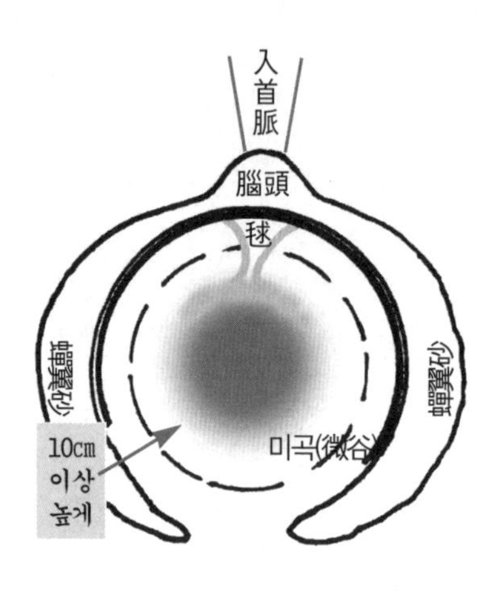

그런데 현장에서 작업하는 것을 실제로 보면 毬에 해당되는 부분까지 파헤쳐서 지면을 고른 후에 다시 흙을 가져다 毬를 만드는 경우가 많다. 원래 기가 흐르는 기선(氣線)이기 때문에 자연을 살려서 毬를 보존하도록 해야지 훼손해서는 안 된다. 묘(穴) 뒤의 毬를 훼손하고 지면을 보기 좋게 평탄작업을 하거나, 오히려 더 낮게 하는 경우는 원훈(圓暈) 뒤 지면에서 건수가 광 내로 스며들기 때문에 절대로 해서는 안 된다. 만약에 현재 미망수의 배수 역할을 하는 毬가 없다면 지금이라도 흙을 가져다 毬를 만들어 비보를 해 주어야 한다.

② 진사(眞砂)에 대한 비보방법

진사(眞砂)란 앞에서 설명한 바와 같이 선익사(蟬翼砂)를 말하며 혈장 중심부에 있는 원훈(圓暈=태극운)을 감싸주고 원훈 내에 있는 집결된 지기(地氣)가 흩어지지 못하도록 보호해 주는 역할을 한다.

즉, 地氣란 바람이 불면 흩어지기 때문에 우선 선익사가 제대로 있어서 青龍白虎가 큰 바람을 막아주겠지만 그래도 청룡백호를 스쳐서 넘어온 바람은 다시 선익사가 막아주어야 완전한 장풍(藏風)이 되기 때문에 절대적으로 선익사가 필요하며, 만약 선익사가 약(弱)하면 흙을 가져다 보완해서 비보를 해 주어야 한다.

③ 진수眞水에 대한 비보방법

진수(眞水)란 앞에서 설명한 바와 같이 중심 원훈〔圓暈=穴〕을 감싸주고 있는 선익사(蟬翼砂)와 두툼한 태극운〔圓暈〕과의 사이에 비가 올 때 생기는 미곡미수〔微谷微水=乾水(건수)〕를 말하며 이를 상수(相水)라고 한다. 이 상수는 미량(微量)이지만 가장 가깝게 원훈을 감싸주고 있기 때문에 먼 곳의 대강수(大江水)보다 소중하다. 먼 곳보다 가까운 것이 소중하다 하였으니 이를 말한 것이다. 그리고 진수(眞水)가 제대로 穴을 보호하는 역할을 하기 위해서는 뇌두(腦頭)·구(毬)·선익사(蟬翼砂)가 뚜렷해야 하며, 또한 중심부에 있는 원훈은 주위 지면보다 10cm~15cm 정도 높아야 선익사와의 사이에 미곡이 확실히 생겨 건수가 막힘없이 흐르게 된다.

여기서 또 한 가지 주의할 것은 우선룡(右旋龍)이면 靑龍 쪽 선익사가 白虎 쪽 선익사보다 길어야 되고 미곡(微谷)뿐만 아니라 혈장 지면이 우고좌락(右高左落), 즉 백호 쪽 지면이 청룡 쪽 지면보다 높아서 乾水가 자연스럽게 높은 곳〔백호 쪽〕에서 낮은 곳〔청룡 쪽〕으로 흘러내리면서 청룡 끝에서 역관을 해야 자연섭리에 맞는 진수(眞水)인 것이다.

때문에 진수 역시 비중이 큰 역할을 할 수 있도록 하기 위해서는 우선 뇌두부터 뚜렷해야 하고 地氣를 穴로 이어주는 毬 역시 30㎝ 이상의 높이로 견고해야 되며 선익사 역시 30㎝ 이상 높이로 낮은 곳 없이 견고해야 되고 左·右旋龍에 따라 앞에서 설명한 바와 같이 지면이 좌고우락(左高右落)의 원칙이 지켜져야 한다. 그렇지 않다면 그렇게 되도록 비보를 해 주어야 한다. 혈장사진에서 설명했지만 眞穴이 되기 위해서는 혈장 내에 있는 진룡(眞龍)·진사(眞砂)·진수(眞水)는 서로를 도와야 자신도 眞이 될 수 있는 상부상조의 역할 관계이어야 한다.

위의 3가지가 眞이면 다음 眞도 가증하게 된다. 그래서 앞의 그림에서처럼 形氣와 理氣가 잘 맞도록 혈장을 조성(造成)해야 하며 그렇지 못한 것은 세밀히 분석해서 부족한 점을 완전하게 비보해 주어야 혈장사진이 갖추어져 그 속에 眞穴이 이루어지게 됨을 명심하기 바란다.

④ 진토眞土에 대한 비보방법

진토(眞土)는 앞에서 설명한 바와 같지만 穴場四眞 중 다른 3가지가 眞일 경우 거의 穴土도 견고하고 광택(光澤)이 나는 비석비토(非石非土)인 眞土가 나오기 마련이다. 혈장사진 중 한 가지만 眞이 아니면 眞穴이 될 수 없다. 특히 四眞 중 다른 3가지는 우리 육안으로 眞否를 확인할 수 있어도 땅 속에 있는 穴土는 파보기 전에는 확인이 어려운 것이다.

도선국사 말씀대로 다른 3가지가 眞이면 穴土 역시 眞일 것이라고는 하지만 이도 도선국사 정도의 개안(開眼)이 되어 있는 수준에 해당되는 말이다. 또 혈토는 체백(體魄)과 직접 접촉하기 때문에 혈토의 吉凶은 바로 체백의 길흉과 직결되므로 穴土가 좋지 않으면 그곳은 피해야 한다. 그렇지 않고 당일에 천광(穿壙)을 하여 眞土가 나오지 않고 흉토(凶土)나 물이 나오면 절대로 그곳에 장사(葬事)를 해서는 안 된다. 그런 경우는 차라리 화장(火葬)을 하는 것이 좋다. 신안(神眼) 또는 도안(道眼) 행세를 하면서 葬事 당일에 정확하지 않은 장소에 천광을 한 결과 凶土임이 판명되었는 데도 그대로 용사(用事)를 하면서 수중명당(水中明堂)도 있다느니, 연꽃은 물 속에서 자라니 연화부수(蓮花浮水)가 틀림없다느니, 또는 氣가 대왕(大旺)하면 수중(水中)도 상관없다는 등 감언이설로 흉지(凶地)를 명당인 것처럼 설명하며 양심의 가책도 없이 많은 금전을 갈취하고 있는 경우가 많다.

아무리 상주(喪主)가 풍수지리의 상식이 없다고 할지라도 이런 현상은 참으로 말세현상이 아니라고 할 수 없다. 천광(穿壙) 결과 眞土가 나오지 않으면 이는 첫째 본신룡(本身龍) 중에서 재혈(裁穴)을 잘못했거나, 본신룡을 잘못 선택했을 것이니 다시 穴場四眞이 적중되는 眞穴을 찾아야 된다. 그도 저도 아니라면 그 산에는 眞穴이 없다고 봐야 할 것이다.

바닥 흙이 탄탄하고 습기(濕氣)가 없는 穴土가 나온다면 말할 것도 없이 천광(穿壙)을 한 후 석관을 넣고 주위를 흙과 생석회를 1/2씩 배합하여 단단하게 메워주면 되겠지만, 한정된 장소에서 불가불(不可不) 꼭 재혈을 해야만 될 경우라면 앞에서 설명한 바와 같이 비보를 해 주어야 한다. 특히 穴土가 眞土가 아니고 자갈땅·모래땅·점토질인 경우와, 천광을 1.5m~2m 정도 파서 바닥의 眞土가 얇게 깔려 있거나 없어서 밑에서 솟아오르는 습기(濕氣)를 감당하지 못할 정도면 천광(穿壙) 內를 흙 1/3, 생석회 2/3의 비율로 섞어서 두께 60㎝ 정도로 전체를 메운다.

약 3시간이 지나면 어느 정도 굳어지므로 정확한 좌향(坐向)을 정하여 이장용 관(棺) 형틀에 맞도록 알집을 만들면 인조석관(人造石棺)이 된다.

그러나 인위적으로 그렇게 만든 혈(穴)은 자연적 氣로 뭉친 眞土로 된 眞穴과는 분명 차이가 있다. 그렇지만 인위적으로라도 그렇게 비보를 해 주면 물이 들거나 충해(蟲害), 나무뿌리, 쥐, 뱀, 멧돼지 등의 침해를 예방할 수 있어서 다른 理氣만 맞으면 능히 무해지지(無害之地)는 될 수가 있다. 그렇지 않고 토질이나 습기, 수맥(水脈) 등을 상관치 않고 장사(葬事)를 한다면 차라리 화장(火葬)하여 납골당(納骨堂)에 모시는 것만 못하다. 그러므로 천광은 장사 전일에 확인해야 하며 돈벌이에 급급한 지사들의 감언이설에 속지 말고 자손들이 토질(土質) 정도는 감정할 수 있을 것이니 혈토가 나쁘면 다른 장소를 선택하든지 아니면 차라리 화장이 무난하니 이를 권장하고자 한다.

⑤ 혈장사진穴場四眞에 대한 총괄적 비보방법

본신룡의 넓이가 광활(廣闊)하여 건수(乾水)가 들기 쉬운 곳에서는 본신룡 양쪽 계곡의 매몰된 곳을 깊게 파서 물 빠짐〔排水〕이 잘 되도록 혈장 지면과 계곡의 바닥 사이는 적어도 4m 정도가 되도록 만들어주어야 한다.

다음은 뇌두를 인위적으로라도 만들어 분수(分水)가 잘 되게 해야 되며 중앙 입수맥(入首脈)은 자르면 안 된다. 그리고 뇌두에서 중앙 원훈〔穴〕까지 뒤에서부터 내려온 氣가 계속 원훈(圓暈)까지 내려가 뭉칠 수 있도록 毬를 만들어주면 그 毬에서도 양쪽으로 分水가 잘 이루어진다. 그 외에도 가운데 원훈(穴)은 직경 4m 정도는 되어야 하고 높이는 10㎝~15㎝ 정도 주위 지면보다 높아야 된다. 잘못하면 굴삭기 기사가 혈장 내의 지면 전체를 수평으로 만들어버리기 쉬운데 처음부터 설계를 해서 작업할 기사에게 설명하여 착오가 없도록 해야 한다.

다음은 좌·우선룡에 따라 혈장 바닥도 좌고우락(左高右落), 우고좌락(右高左落)이 결정되면 그 원칙에 맞도록 낮은 쪽의 선익사가 길게 하여 역관(逆關)할 수 있도록 만들어야 한다. 그렇지 않으면 眞穴이라 할 수 없다. 그런 원칙을 무시하고 그저 겉으로 보기만 좋게 만들기 위해 혈장 내 지면 전체를 수평으로 하거나 모든 원칙과 상반되게 만들어 버리는 경우가 허다한데, 그런 경우는 지금이라도 비보가 필요하다.

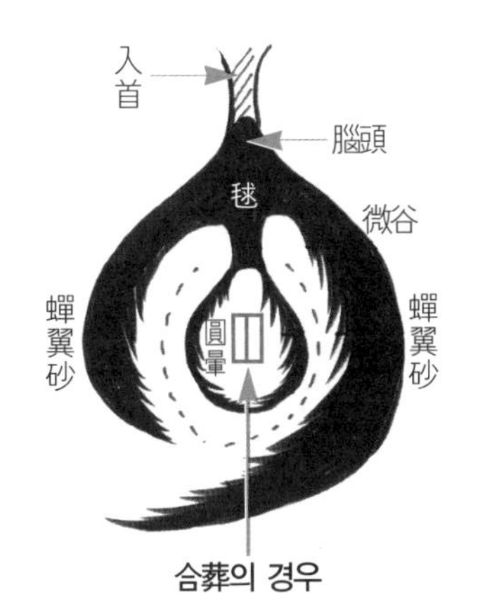

合葬의 경우

남의 묘(墓)를 써주는 지사라면 최소한 제일 중요한 혈장사진에 대한 이해가 깊어야 하고 그 형기(形氣)나 이기(理氣)에 맞도록 용사(用事)할 줄 알아야 함을 명심해야 한다. 그렇지 못하면 크게 죄를 범한다는 사실을 알아야 한다.

道詵國師 裨補風水

제4부

입수에 따른 좌향 결정과 비보

① 정음정양법淨陰淨陽法의 경우

정음정양법에 의해 양룡입수(陽龍入首)면 양향(陽向), 음룡입수(陰龍入首)면 음향(陰向)이라야 합법(合法)이다.

정양淨陽 → 乾甲, 坤乙, 坎(子)癸申辰, 離(午)壬寅戌
정음淨陰 → 艮丙, 巽辛, 震(卯)庚亥未, 兌(酉)丁巳丑

② 임입수壬入首의 경우

壬은 陽이니 午向·坤向·乙向 등 양향(陽向)이라야 합법이다. 그 주변의 巽向·巳向·丙向·丁向·未向은 음향(陰向)이기 때문에 입향(立向)이 불가하다. 이처럼 적법한 향(向) 가운데 수구(破)와도 적법한 向을 골라 입향한다〔다음 표 참조〕. 만약에 수구(水口)가 丁未라면 坤向 또는 午向 중에서 골라야 한다.

【24入首에 대한 적법 向(정음정양법)】

巳	巽	辰	乙	卯	甲	寅	艮	丑	癸	子	壬	入首
亥辛	辛亥艮	乾坤戌	坤	庚辛丁酉亥	乾坤	坤申	丁丙庚辛酉巽巳未	丙未	午坤	坤午	午坤乙	吉向
亥	乾	戌	辛	酉	庚	申	坤	未	丁	午	丙	入首
卯丙巽巳丁未	乙辰	乙辰	艮卯巽	艮巽卯	卯艮	甲癸寅	癸	艮丑	艮亥	壬癸子	亥艮庚辛	吉向

③ 정음정양법에 의한 입수와 좌향의 조정

주산(主山) 밑에서 본신룡(本身龍)을 찾아 그 안에서 혈증(穴證)이 분명한 혈장(穴場)을 찾고 혈장 내 뇌두(腦頭) 밑에서 원훈(圓暈)을 찾고 그 중심지에서 수구(水口)를 찾아 어떤 파(破)인가를 정확히 측정하여 정음정양법에 의해 破에 알맞은 좌향(坐向)을 선정한다.

입수와 좌향의 조정방법은 여러 가지가 있으나 필자의 비교 검증 결과 정음정양법이 월등히 정확함을 여러 저서에서 밝혔다. 정음(淨陰) 정양(淨陽)에 의한 입수와 좌향의 조정법은 다음과 같다.

종전에 통맥법 등 여러 계통의 지사들에 용사(用事)한 묘가 멸문좌에 해당될 때는 다음과 같이 비보가 시급하다.

묘의 좌향을 정음정양법에 맞도록 해 주는 방법도 있다. 그런 경우 수구(水口)와도 합법이 되도록 하려면 묘 전체를 손대야 하기 때문에 복잡하니 뇌두에 이르는 입수를 정음정양법에 의해 좌향에 맞도록 교정해 주는 비보방법이 훨씬 간편하다.

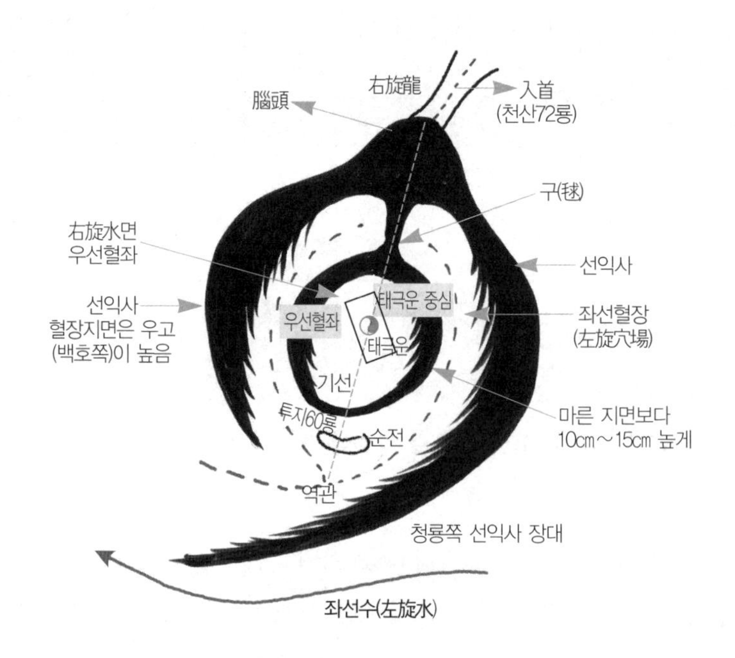

용상팔살에 대한 향(向)의 상극관계를 말한다. 입수나 좌향은 4층 정침을 이용하기 때문에, 예를 들면 나경 4층 壬子癸 입수〔坐포함〕의 경우는 감룡입수(坎龍入首)라 하며 감괘(坎卦)는 水〔3층〕에 해당되기 때문에 辰向이 되면 辰은 土〔正五行〕로 토극수(土克水) 상극이 되어 흉살(凶殺)이 된다는 것이다.

따라서 용상팔살〔入首〕에 대한 상극 향(向)을 알기 위해서는 나경의 1층과 4층을 보면 확실히 파악할 수 있다. 좀 더 자세히 설명하면 그림 1층 辰은 4층의 壬子癸 坎卦〔용상팔살표 참조〕 水에 해당되기 때문에 1층 辰〔土〕이 토극수(土克水)가 되어 황천살이 된다는 것이다.

용상팔살에 대한 설명이 여러 책들이나 지사들에 따라 차이가 있기는 하나 아주 상반된 내용들은 아니다. 지사들 중에는 용상팔살 같은 대흉살을 전혀 고려하지 않는 사람도 있다. 이는 크게 잘못이다. 나경에 기록된 흉살을 고려하지 않는다는 것은 참으로 한심스러운 일이며 그로 인해 생긴 피해를 어떻게 책임지려 하는 것인지 상식 밖의 일이다.

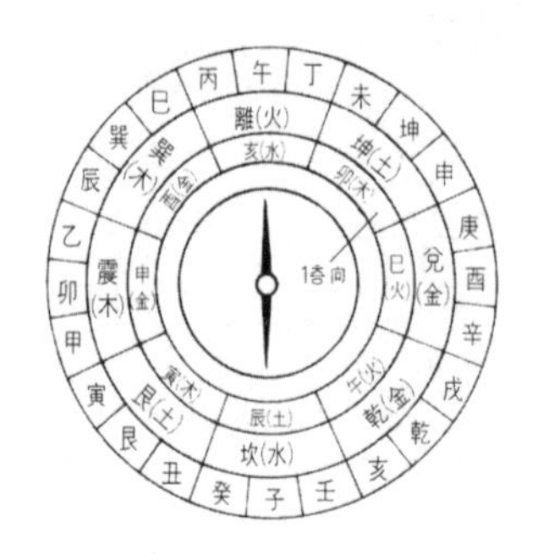

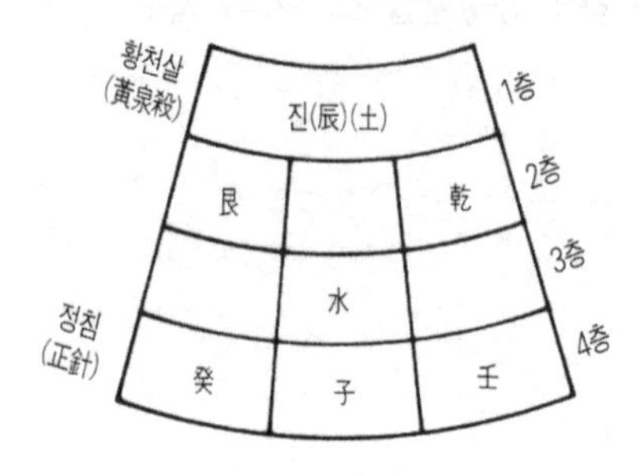

【용상팔살표】

	入首	向과의 관계	卦	五行	黃泉殺
1	戌乾亥	火剋金	乾 ☰ 卦	陽金	午向(陽火)
2	壬子癸	土剋水	坎 ☵ 卦	陽水	辰向(陽土)
3	丑艮寅	木剋土	艮 ☶ 卦	陽土	寅向(陽木)
4	甲卯乙	金剋木	震 ☳ 卦	陽木	申向(陽金)
5	辰巽巳	金剋木	巽 ☴ 卦	陰木	酉向(陰金)
6	丙午丁	水剋火	離 ☲ 卦	陰火	亥向(陰水)
7	未坤申	木剋土	坤 ☷ 卦	陰土	卯向(陰木)
8	庚酉辛	火剋金	兌 ☱ 卦	陰金	巳向(陰火)

필자가 경험한 통계에 의하면 용상팔살보다 더 나쁜 경우는 묘 위에 가깝게 있는 흉암(凶巖=참암살)인데, 3대 흉살 중 하나이다(**凶巖이 가까울수록 피해가 빠르고 클수록 피해도 크다**). 용상팔살은 범하면 5년 내에 패가망신(敗家亡身) 또는 인명피해가 생기는 것으로 믿어도 될 정도로 무서운 흉살이다. 장사(葬事) 후 5년이 지난 뒤 큰 피해가 나타난다고 해도 과학적 증거가 없음을 기화로 이러한 살을 피하지 않고 엄청난 재난을 당하게 하는 것은 의도적 행위가 아니었다 할지라도 용사를 했던 지

관은 그 책임을 면할 수는 없을 것이다.

몰라서 이런 우를 범했다 할지라도 빨리 다음과 같이 비보 조치를 취해야만 큰 재난을 사전에 예방할 수 있을 것이다.

1 용상팔살 입수에 대한 비보방법

필자의 많은 경험에 의하면 우리나라 산지(山地)는 갑묘룡(甲卯龍)이 제일 많은 편이다. 이런 경우 나경을 보면 바로 갑좌(甲坐) 옆에 있는 인좌신향(寅坐申向)을 쓰면 바로 용상팔살에 해당된다. 서울의 유명한 지사(地師)가 하루 일당 500만원〔묘의 수호자 말〕을 받고 전남까지 내려와 재혈(裁穴)을 해 주었는데 이런 실수를 했기 때문에 3년 내에 큰 피해를 입은 사실이 있었다.

주로 통맥법을 연구한 지사(地師)들은 용상팔살, 참암살, 대황천파 등 흉살(凶殺)을 무시하는 경향이 있으니 통맥법은 이러한 흉살에 대한 연구가 깊이 이루어지기 전에 나온 학설이기 때문이다. 따라서 풍수지리학에 있어서는 한 가지 학설만 가지고 고집하면 큰 오류를 범할 수 있다.

- 어느 지사(地師)가 용사(用事)를 했던 간에 용상팔살을 범했다면 신속한 비보 조치가 필요하다. 즉, 용상팔살이란 4층 正針으로 보는 입수(入首:坐)에 대한 1층에 기록된 상극되는 향(向)과의 상극관계이니 향과 입수의 두 가지 중 한 가지를 바로 잡아야 된다. 이런 경우 坐向을 바꾸기는 물〔得水, 得破〕과의 관계 때문에 어렵고 입수(入首)를 理氣에 맞

도록 바꾸어 주는 것이 더 쉬운 방법이다.

② 자입수子入首의 경우

자입수(子入首)의 경우는 양룡입수(陽龍入首)이기 때문에 양향(陽向)이라야 적법이다. 그러나 子坐午向으로 하면 입수와 좌향이 일직선이 되어 충뇌(沖腦)가 되기 때문에 불가하다고 주장한 책도 있으나 분금으로 충뇌를 피할 수도 있다. 그리고 『청오경(靑烏經)』에서는 子午卯酉와 辰戌丑未 입수에서는 직좌(直坐)를 권하고 있다. 寅申巳亥까지 포함하는 12지지 입수에서는 직좌를 해도 정음정양법 및 통맥법 모두 합법이다. 다만 좌·우선수에 맞추어 분금에 의하여 좌이승기(左耳乘氣) 또는 우이승기(右耳乘氣)로 직사뇌충(直射腦冲)을 막을 수 있다.

【앞의 용상팔살표를 나경상으로 대조】

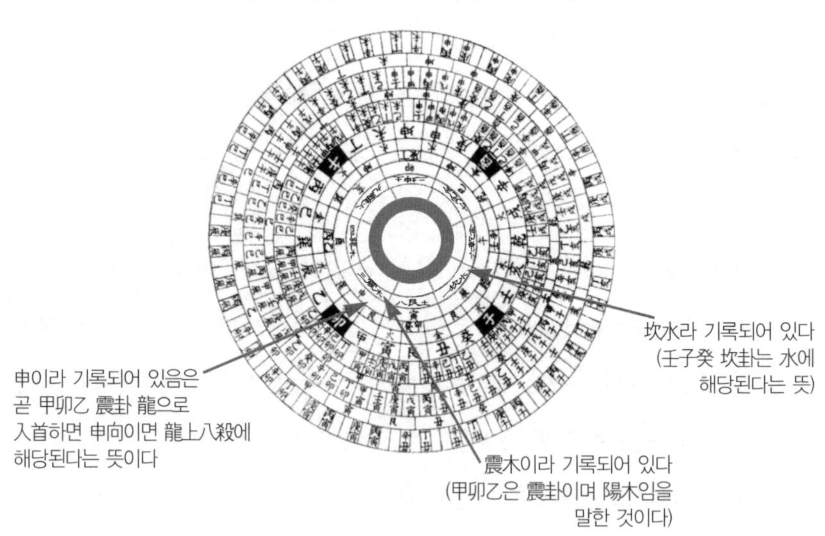

그러나 천간좌(天干坐)에 있어서는 우측분금을 쓰면 봉침(縫針)으로는 좌향이 달라지기 때문에 관중법(串中法)에 해당되지 않을 경우 극히 조심해야 된다.

③ 통맥법通脈法에 의한 입수의 경우

통맥법은 정음정양법과는 근본적으로 다르다. 정음정양법은 이법(理法)적 음양 구분이요, 통맥법은 형상(形相)적 음양룡(陰陽龍)의 구분이다.

- **우선룡**(右旋龍=陰龍) : 辛戌 · 壬子 · 艮寅 · 乙辰 · 丙午 · 坤申
- **좌선룡**(左旋龍=陽龍) : 乾亥 · 癸丑 · 甲卯 · 巽巳 · 丁未 · 庚酉

좌선룡 입수이면 좌선좌(左旋坐), 우선룡 입수면 우선좌(右旋坐)라야 합법이다.

예 정음정양법에서는 壬입수면 子坐午向, 辛坐乙向, 艮坐坤向이 합법이지만 통맥법에서는 子坐, 艮坐, 辛坐가 합법이어서 거의 일치된다.

예 艮입수의 경우 정음정양법으로는 吉向이 丙향, 丁향, 未향, 辛향, 庚향, 酉향, 巽향, 巳향 등 8개 향이 합법이지만 통맥법으로는 寅坐申向(정음정양법으로는 불법)만 합법이고 묘를 쓸 수 있는 30도 내에서는 합법인 向이 없다. 실제로 墓를 쓸 때 入首와 30도 이상 굽은 돌(突)바닥이 아니면 실질적으로 용사하기 어렵다.

따라서 모든 혈좌(穴坐)에서 입수와 좌향이 합법이 되도록 하기 위해서도 정음정양법을 적용하는 것이 더욱 용이하다. 그리고 정음정양법이 통맥법보다 더욱 정확함을 알기 위해서 다음 멸문좌에서 피할 수 있는 방법이 바로 정음정양법이란 것을 설명하겠다.

④ 멸문좌滅門坐 = 무후좌無後坐에 대한 비교 확인

다음에 해당하는 좌(坐)를 정하면 자손을 두지 못하거나 두더라도 요사(夭死)하여 대가 끊긴다고 설명하고 있다. 만일 설명대로라면 적중 여부는 일일이 검증할 수 없으나 엄청난 흉살이 아닐 수 없어 멸문좌와 같다. 우선 입수와 좌향과의 관계는 이법(理法)상 중요한 일이기에 일반적으로 제일 많이 쓰고 있는 정음정양법과 통맥법 두 가지를 비교해 본다.

• 멸문좌(滅門坐 = 無後坐)의 예

① 甲龍에 乙入首 乙坐　　② 坤龍에 未入首 丙午丁坐

③ 艮龍에 艮入首 丑坐　　④ 癸龍에 午丁入首 丙丁坐

⑤ 艮龍에 艮入首 艮坐　　⑥ 丑龍에 丑入首 癸坐

⑦ 艮龍에 寅入首 寅坐　　⑧ 坎龍에 丑入首 丑坐

⑨ 午龍에 丙入首 丙坐　　⑩ 寅龍에 丑入首 壬乾坐

⑪ 亥龍에 癸入首 癸坐　　⑫ 壬龍에 丑入首 丑坐

⑬ 坤龍에 艮入首 子坐　　⑭ 午丁脈(入首)에 坤坐

⑮ 卯入首에 艮坐

다음은 위의 멸문좌를 정음정양법과 통맥법으로 일치되는지 검증해 본다.

- **정음정양법에 의한 검증**

정음淨陰 ➡ 卯庚亥未 · 巽辛 · 酉丁巳丑 · 艮丙

정양淨陽 ➡ 乾甲 · 子癸申辰 · 坤乙 · 午壬寅戌

정음정양법에서는 음룡입수는 음향, 양룡입수는 양향이면 합법으로 보고 입수에 맞는 길향으로 취급하고 있다. 그렇게 비교해 보면 정음정양법으로 보아 무후좌 중에서 그와 반대로 입수와 좌향이 적법인 것은 세 가지뿐이다.

❶ 간(艮) 입수에 축좌미향(丑坐未向)

❷ 축(丑) 입수에 임좌병향(壬坐丙向)

❸ 정(丁) 입수에 곤좌간향(坤坐艮向)

艮입수에 丑坐未向과 丑입수에 壬坐丙向은 좌선수라야 합법이고, 丁입수 坤坐艮向은 우선수라야 합법이기 때문에 그렇지 못하면 입향할 수 없게 된다. 따라서 정음정양법에 의해 입수와 좌향을 정하게 되면 무후좌로 좌향을 정하는 일은 거의 없게 된다. 따라서 『대명당보감(大明堂寶鑑)』에서 지적한 무후좌〔멸문좌(滅門坐)〕와 정음정양법에 의한 입(入), 향(向) 사이에 큰 모순이 없음을 알 수 있다.

● **통맥법(通脈法)에 의한 검증(비교)**

좌선룡(左旋龍) ➜ 乾亥, 癸丑, 甲卯, 巽巳, 丁未, 庚酉.

우선룡(右旋龍) ➜ 辛戌, 壬子, 艮寅, 乙辰, 丙午, 坤申.

통맥법에서는 좌선룡 입수면 좌선좌, 우선룡 입수면 우선좌라야 합법으로 설명되고 있다. 이 통맥법대로 위 무후좌 15개항에 대해 적용해 보면 그중 10개항이 적법한 입수에 맞는 길좌가 되니 이런 모순이 어디 있겠는가! 앞에서 소개한 무후좌가 근거 있는 적실한 내용이라면 통맥법만 믿고 재혈(裁穴)하는 일은 참으로 위험천만한 일이 아니겠는가?

따라서 한 가지 이법(理法)만을 금과옥조로 생각하고 경박한 행동을 하게 되면 참으로 위험한 일이라 아니할 수 없다.

다시 말하자면 다음과 같은 경우이다.

◎비보방법

종전에 통맥법 계통 지사들에 의해서 묘를 쓰면서 위에서 설명한 무후좌 또는 한중수 선생이 쓴 『대명당보감(大明堂寶鑑)』에 있는 무후좌 15개항을 과학적으로 증명하기는 불가능하지만 사실 여부를 확인 못하기 때문에 더욱 정음정양법을 적용하여 멸문좌를 피해야 한다.

고서인 『청오경(青烏經)』도 무조건 무시할 수도 없고 그렇다고 해서 『청오경』의 내용 한 가지만으로 신안(神眼) 행세하는 것도 참으로 위험한 일이다. 따라서 용절(龍節)은 괘(卦)로 나타내니 축간룡(丑艮龍)이라 한 것은 간룡(艮龍), 손진룡(巽辰龍)은 손룡(巽龍), 곤미룡(坤未龍)은 곤룡(坤龍), 건술룡(乾戌龍)은 건룡(乾龍)으로 생각하면 차질이 없을 것이다.

그렇다면 굴각론에 있어서도 축간(丑艮) 금룡(金龍)에 손진(巽辰) 수맥

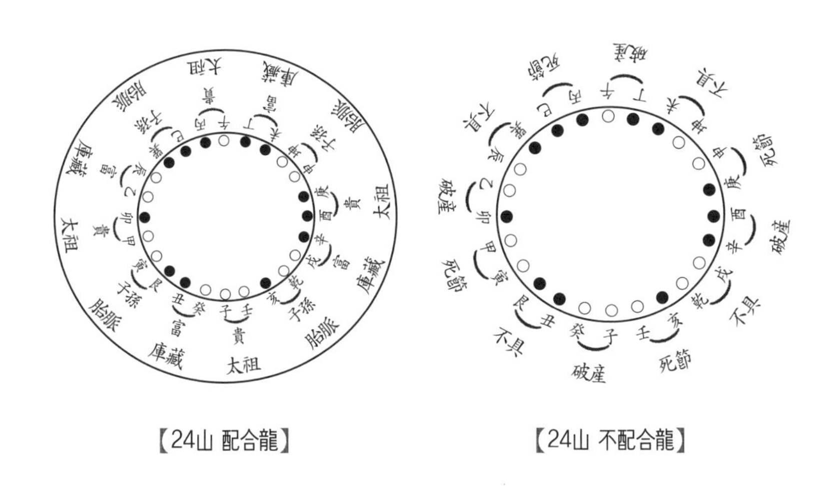

【24山 配合龍】　　【24山 不配合龍】

(水脈)을 쉽게 표현하면서 간룡(艮龍)에 손맥(巽脈)이 붙어서 그 안에 혈이 생기면 진혈이라고 생각하면 될 것이다. 곤룡(坤龍)에 있어서도 건맥(乾脈)이 생겨 그 안에 혈이 생기면 진혈이라고 생각하면 될 것이다〔『과학적으로 증명하는 현장풍수』 370페이지 그림 1 참조_상원문화사 출간〕.

1 배합룡配合龍에 대한 설명

- 귀(貴)를 나타내는 태조맥(太祖脈)은 貴하나니 壬子 · 甲卯 · 丙午 · 庚酉龍(甲庚丙壬).
- 부(富)를 상징하는 부고장(富庫藏)은 부봉(富峰)이니 癸丑 · 乙辰 · 丁未 · 辛戌龍(乙辛丁癸).
- 자손의 상징인 손태맥(巽胎脈)은 자손봉(子孫峰)이니 乾艮巽坤이다.
- 子 · 午 · 卯 · 酉는 사귀(四貴)의 태조(太祖)요 辰 · 戌 · 丑 · 未는 사부(四富)의 고장(庫藏)이요 寅 · 申 · 巳 · 亥는 사손(四孫)의 태맥(胎脈)이다.
- 태조절(太祖節)에 해당하면 대과급제하나니 일절(一節)이면 수령(守令)급 사람이 나고, 이절(二節)이 연결하면 도백(道伯)급이요, 삼절(三節)이면 장령(將領)이요, 사절(四節)이면 고관대작이 난다 했다.
- 고장절(庫藏節)에 해당되면 천만장자가 나고 고장(庫藏)이 일절이면 백석군(白石君)이요, 이절이 연결하면 천석군(千石君)이요, 삼절(三節)이면 만석군(萬石君)이고, 사절(四節)이면 국부(國富)가 난다 했다.
- 태맥질(胎脈節)에 해당하면 자손이 만당(滿堂)이고 태맥(胎脈)이 일절(一節)이면 2~3명의 자손이 나고, 이절(二節)이 연결하면 4~5명이며, 삼

절(三節)이면 7~8명이고, 사절(四節)이면 백자천손(白子千孫)이라 했다.

※좀 과장된 내용이긴 하지만 24山 배합룡을 참조하기 바란다

② 불배합룡不配合龍에 대한 설명

사망절(死亡節)은 멸망(滅亡)이니 亥壬·寅甲·巳丙·申庚龍이다. 앞에 배합룡에서 甲·庚·丙·壬에 지지자(地支字)가 붙으면 배합룡으로서 귀태조룡(貴太祖龍)이 되고 甲·庚·丙·壬 앞에 지지자가 붙으면 동궁이 아닌 불배합룡이 되어 사절룡(死節龍)이 되어 흉하다. 따라서 甲·庚·丙·壬龍이면 단자룡(單子龍)이면 몰라도 그렇지 않으면 동궁인 지지자가 붙은 용(龍)인지 불배합룡인지 잘 분별해야 된다.

예컨대 庚龍이라 하면 酉의 지지(地支)가 붙으면 庚兌龍이라 하여 배합룡인 귀태조룡에 해당되지만 申子가 붙으면 불배합룡인 사절룡에 해당되어 살룡(殺龍)이 된다.

- 파산절(破産節)은 패재(敗財)이니 子癸·午丁·卯乙·酉辛龍이다. 앞에서 설명한 바와 같이 子·午·卯·酉龍에 동궁인 앞에 천간자(天干字)가 붙으면 배합룡이 되어 길한데 애석하게 다음 천간자가 붙으면 불배합되어 파산룡(破産龍)이 된다〔24山 배합룡, 불배합룡 참조〕.
- 불구절(不具節)은 질병이니 丑艮·辰巽·未坤·戌乾이다. 앞에서 설명한 바와 같이 乾·坤·艮·巽에 앞 지지자(地支者)가 붙으면 불배합룡이 되어 불구절(不具節)이 된다.

- 사망(死亡) 일절(一節)이면 자손 중 2~3명이 죽고, 이절(二節)이 연결되면 5~6명이 죽고, 삼사절(三四節)이면 무후(無後)하다.
- 파산(破産) 일절(一節)에 해당되면 점차로 손재가 계속되고, 이절(二節)이 연결되면 손재가 많고, 삼사절(三四節)이면 이향걸식(離鄕乞食)한다.
- 불구(不具) 일절(一節)에 해당되면 가족이 병이 많고, 이절(二節)이 연결되면 상부(喪夫)나 상처(喪妻)하고, 삼사절(三四節)이면 여러 질환으로 멸문(滅門)한다 했다〔이 역시 과장이 많으나 전혀 근거 없는 이론은 아니니 참고 바람. 특히 입수 도두일절에서는 주의 깊게 살펴야 한다〕.

【이해하기 쉬운 설명도】

일반적으로 묘를 쓸 때 불배합 입수에 대해서는 전혀 관심조차 없는 것이 사실이나 필자의 경험에 의하면 뇌두 뒤 결인처에서 뇌두에 이르는 기맥〔氣脈=入首〕이 다음 그림의 1번처럼 굽어지지 않고 직선으로 들

어오면 걱정할 필요가 없으며 다음은 3번처럼 굴곡(굽은 것)이 있어도 坤과 申의 배합룡(配合龍)으로 입수가 되었다면 역시 합법이다.

❶ 직룡입수 ❷ 불배합입수 ❸ 배합입수

다만 2번처럼 불배합으로 굽어서 입수했다면 이는 불배합 입수가 되어 자손에 불구자(不具者)가 나오게 되니 구묘(舊墓)라 할지라도 발견되면 즉시 다음과 같이 비보가 필요하다.

◉비보방법

입수도 잘못 교정하면 정음정양법으로 입수와 좌향이 맞지 않으며 또 다른 착오가 생길 수 있으니 비보가 필요한 위 그림 2번의 경우 坤과 未의 두 가지 중 정음정양법으로 묘의 좌향과 궁합이 맞는 글자에 맞추어 직선으로 교정[비보=裨補]해 주는 것이 제일 간단한 비보방법이다.

쌍금살은 다른 살(殺)에 비해 소홀히 취급하기 쉬우나,

❶ 癸丑龍이 길고 곧게 내려왔을 때 그 끝이 艮坐를 쓰면 쌍금살에 해당된다. 도두일절(到頭一節), 즉 입수(入首)만의 짧은 癸丑인 경우는 상관없다.

❷ 乙辰龍 하에 巽坐, 丁未龍 하에 坤坐, 辛戌龍 하에 乾坐를 쓰면 모두 쌍금살에 해당되어 3년 내에 크게 피해를 본다고 했다.

쉽게 설명하자면 사고장룡(四庫藏龍), 즉 癸丑龍·乙辰龍·丁未龍·辛戌龍이 길게 뻗은 용 끝에 다음 궁위(宮位)가 좌(坐)가 되면 쌍금살이 된다. 辛戌乾亥壬子의 순으로 궁위가 정해졌는데 辛戌龍이라면 그 다음 궁위(宮位)인 乾坐가 되면 쌍금살이 되며, 다른 사고장룡도 마찬가지이다.

◉비보방법

사고장룡 癸丑, 乙辰, 丁未, 辛戌龍이 길고 곧게 뻗으면 사룡(死龍)이라 하여 기(氣)가 왕성한 길룡(吉龍)이 아니기 때문에 짧으면 상관없지만 길고 곧으면 가급적 묘를 안 쓰는 것이 좋다. 다만, 다른 여건이 모두 갖추어져 버리기가 아깝다면 사고장룡 끝에 해당되는 艮좌, 巽좌, 乾좌, 坤좌[乾坤艮巽]를 피하고 좌·우(左·右)선수에 따라 다음 궁위(宮位)를 좌우로 택하면 된다.

다만 辛戌龍으로 길게 내려오다 도두일절(到頭一節)에서 辛 입수(入首)가 되었을 경우 亥坐巳向을 쓰면 용상팔살에 해당되어 더욱 나쁜 흉살(凶殺)이 되니 조심해야 된다. 비보풍수를 논하기 위해 그 방법을 말했지만 사고장룡(四庫藏龍)이 곧고 길게 내려오면 사룡(死龍)또는 절손룡이라 하여 쓰지 않는 것이 좋다.

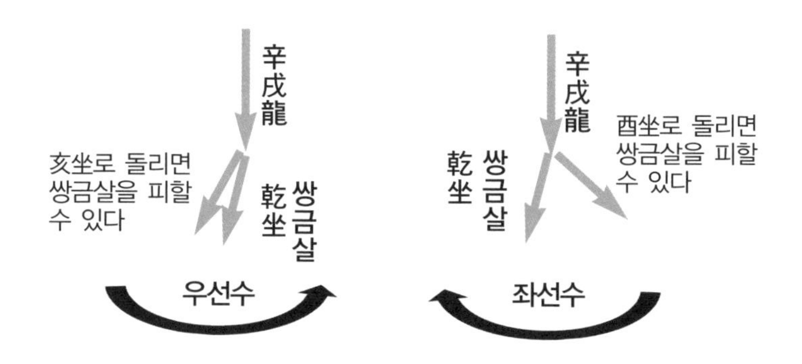

道詵國師 裨補風水

제5부

각종 사법론과 비보방법

❀ ❀ ❀

각종 사법에 있어서도 필자가 출간한 여러 도서에 자세히 설명하였으니 여기에서는 비보와 관련 있는 내용에 한해서만 설명키로 한다.

제1장 조산朝山과 안산案山의 길흉

안산(案山)은 원진수(元辰水)나 바람을 거두어 내당(內堂)을 주밀하게 하고 혈지(穴地)에 생기를 모으는 데 목적이 있다. 때문에 안산은 혈지와 바르게 상대하고 멀지도 높지도 않으며 배반하지 않고 유정하며 거칠지 않고 살기가 없어야 하며 특히 역수(逆水)를 거두는 역할을 해야 길격(吉格)이다. 한편 안(案)·조산(朝山)은 횡금(橫琴), 면궁(眠弓), 아미(蛾眉), 옥대(玉帶), 관모(冠帽), 삼태(三台), 천마(天馬), 구사(龜蛇), 옥인(玉印), 조배사(朝拜砂) 등의 형상이 길격(吉格)이라야 한다.

그러나 안산이 너무 비탈지고 배주(背走)하거나 뾰쪽한 능선이나 곡살

(谷殺)이 혈을 향해 직사(直射)하면 크게 흉하며 그 외에도 도로개설, 개발 등으로 안산의 원형 파쇄, 무정반배하면 재화(災禍)를 면할 수 없다.

안산의 여러 모양을 다음과 같이 분별할 수 있다.

1 안산案山의 여러 모양

안산의 모양은 다양하다. 물형〔物形=어떤 물건의 모양〕, 금형〔禽形=새 종류의 모양〕, 수형〔獸形=짐승의 모양〕, 인형〔人形=사람의 모양〕, 어형〔魚形=물고기의 모양〕 등 여러 가지이다. 좀 더 자세히 살피면 다음과 같다.

가. 물형物形

옥궤〔玉几=옥으로 만든 의자〕, 면궁〔眠弓=시위를 당기지 않은 활〕, 옥대〔玉帶=옥으로 만든 허리띠〕, 횡금〔橫琴=가로놓인 거문고〕, 고축사(誥軸砂), 안검〔按劍=칼을 만지는 모양〕, 관모사(官帽沙), 아미사〔蛾眉沙=초생달 같은 눈썹〕, 삼태(三台), 기사(旗砂), 서대〔書台=책을 바치는 상〕, 금상〔金箱=금으로 된 상자〕, 옥인〔玉印=옥으로 만든 도장〕, 옥녀봉(玉女峰), 집홀〔執笏=손에 잡고 있는 홀〕, 필가〔筆架=붓걸이〕, 일월사(日月砂), 화개사(華蓋砂), 옥부사〔玉釜砂=옥으로 만든 솥〕

나. 인형人形

옥녀(玉女), 부처(佛), 선인(仙人·神仙), 동자(童子)

다. **생물형**生物形

금어(물고기), 개구리, 나비, 새, 말, 코끼리, 개, 꽃 등

안산의 형상과 주산의 형국(形局)과는 밀접한 관계가 있다. 주산의 형국이 인형(人形)이면 안산은 그 사람과 관계가 깊은 것이 되어야 길하다. 예를 들면 다음과 같다.

② 주산의 혈형에 따른 안산의 모양

주산(主山)	안산(案山)
●상제혈(上帝穴, 上帝奉朝, 君臣穴)	●배례봉(拜禮峰), 金冠, 옥대사(玉帶砂) 등
●선인형(仙人形, 神仙)	●옥녀(玉女, 仙女), 옥녀탄금, 선인독서(서상)
●옥녀형(玉女形)	●옥녀 직금의 베틀, 거울, 거문고, 화장대
●장군형(將軍形)	●깃발, 칼, 말, 투구, 군졸
●스님형상(老僧禮佛 등)	●부처님, 목탁
●호랑이 형국(猛虎 出林 등)	●개(호랑이의 밥), 사슴
●뱀 형국(蛇頭形 등)	●개구리(뱀의 밥)
●소형국(臥牛形)	●외양간, 목초원
●금계포란(金鷄抱卵形)	●알 형국(닭이 품은 알)
●학, 봉황형국(鶴鳳凰形)	●학이나 봉황이 품은 알
●개구리 형국(蛙形)	●나비(개구리의 밥 종류)
●천마시풍형(天馬嘶風形)	●마굿간
●복구형(伏狗形)	●개의 죽 그릇
●행주형(行舟形)	●돛대 → 탁봉(卓峯)
●복치형(伏雉形)	●매
●노서하전(老鼠下田)	●노적봉

③ 조산(朝山)과 안산(案山)의 길흉화복

안산은 원진수(元辰水)의 직거(直去)를 막고 혈전(穴前)에서 불어오는 바람을 막아 내당(內堂)을 따뜻하게 하여 결혈(結穴)에 중요한 역할을 하기 때문에 길흉화복에도 크게 한 몫을 한다.

첫째, 안산은 주로 처자궁(妻子宮)과 재산을 주관한다. 때문에 생룡진혈에 안산이 정면에서 다정하게 조응(照應)하면 현처(賢妻), 효자가 나오고 재복이 만정(萬庭)한다. 더욱이 귀인(貴人)·문필사(文筆砂)·천마(天馬)·고축(誥軸)·관모(冠帽)·옥인(玉印)·화개(華蓋)·삼태(三台) 등 귀사(貴砂)가 있으면 자손이 등과(登科)하고 금상(金箱)·창고·복종(伏鐘)·은병(銀瓶)·노적봉 등 부격사(富格砂)가 안산에 있으면 부자가 기약되며 특히 청수한 아미사(蛾眉砂)·옥여사(玉女砂)가 있으면 궁비가 기약된다고 했다.

반대로 안산이 추악(醜惡)하거나 파쇄(破碎) 또는 참암〔巉岩=조악하게 보이는 바위〕 등 살(殺)이 있으면 인명손상과 크고 작은 재앙이 생기며, 안산이 비탈지거나 뼈대만 앙상하고 흉하게 보이면 손재가 많고 가난하며 처자궁도 좋지 않다. 조산의 길흉도 안산에 준하되 그 심도가 깊지 않다.

앞에서 여러 가지로 설명한 바와 같이 龍이 생왕룡이냐 사절룡이냐에 따라 혈의 진부를 결정한다. 사(砂)와 수(水)의 길흉이 화복을 좌우한다고 해도 과언이 아닐 정도로 중요한 역할을 한다. 따라서 길한 길사(吉砂)는 부귀 왕정하고 흉사(凶砂)는 재물을 잃고 자손을 끊기게 한다.

그리고 화복의 대소(大小) 경중(輕重)과 나타나는 시기의 지속(遲速)은 길흉 사격(砂格)의 아름다움과 조잡한 정도와 근원은 물론 길흉사(吉凶砂)의 방위에 따라 정해지며 용혈의 진부 차이에도 많은 영향을 받는다. 그러나 흉사(凶砂)도 혈에서 보이지 않거나 가까이서 충사(沖射)하지 않으면 상관없으며 비록 귀사(貴砂)라 할지라도 이법에 맞아야 효력이 더욱 빠르다.

보통 길사(吉砂)도 50여 가지로 분류하나 우리나라는 산수가 아름다워 길사가 흉사보다 많으며 그 종류도 30가지 정도는 각지 답산에서 볼 수 있어도 기타 20여 가지는 분류하기도 어려우니 다음 소개한 귀사(貴砂)와 흉사(凶砂)만 기억하면 될 것 같다.

※길사와 흉사의 종류는『과학적으로 증명하는 현장풍수_상원문화사 출간』 152쪽에 자세히 기록되어 있으니 참고하기 바람

길사(吉砂)	부사(富砂)...창고사(倉庫砂)가 주산(主山) 봉우리거나 수구(水口) 또는 녹방(祿方) 등 길방(吉方)에 용립(聳立)하면 부자가 난다.
	귀사(貴砂)...문필(文筆), 귀인사(貴人砂)가 조응(照應)하거나 여러 길방(吉方)에 길사(吉砂)가 있으면 귀인이 난다. 특히 손사방에 필봉이 있으면 수재(秀才)가 난다.
흉사(凶砂)	재패사(財敗砂)...무기(無氣) 사절룡(死絶龍)에 각종 흉사(凶砂)가 조대(朝對)하거나 흉방(凶方)에 바로 보이면 가산이 패한다.
	인패사(人敗砂)...시체사(屍體砂) 등 패사가 조대(朝對) 또는 흉방(凶方)에 바로 보이면 자손이 상하고 끊어진다. 그러나 시체사도 금오탁시혈(까마귀가 시체를 쪼으는 형국)에서는 오히려 길사에 해당된다.

◉ 길사(吉砂)의 종류

문필사(文筆砂), 무성사(武星砂), 귀인사(貴人砂), 관모사(官帽砂), 천마사(天馬砂), 마상귀인사(馬上貴人砂), 어산사(御傘砂) 등.

요공(寥公)은 길흉사격(吉凶砂格)을 부(富)·귀(貴)·천(賤) 등 크게 세 가지로 나누었다. 즉 비만방정(肥滿方正)은 부(富)요, 청기수려(淸奇秀麗)는 귀(貴)요, 산사파쇄(散斜破碎)는 천(賤)이라 하였다.

그러나 사격(砂格)의 길흉 판별은 간단한 것이 아니어서 위에서는 산의 형상적 명칭(物形)으로 길흉을 판단했지만 묘(墓)의 좌(坐)에서는 방위에 따라 그 길흉을 논하기도 한다.

사(砂)의 길흉화복을 판단하는데 쓰이는 나경의 인반중침으로 보는 성수오행은 다음과 같다. 주산은 물론 청룡·백호·안산·조산에 해당되는 전후좌우 사(砂)의 길흉을 논할 때 그 형체에 따라 정하기도 하지만 각종 방위에 따라 길흉이 결정되기도 한다.

묘의 좌(坐)에 대한 사방 사(砂)의 길흉을 논할 때 다음과 같은 요령으로 한다.

- 생아자(生我者)는 문무관(文武官)의 자손이 될 수 있게 도움을 주는 사(砂)이다.
- 비화(比和)는 과거에 나아갈 수 있게 돕는 길방(吉方)의 사(砂)이다
- 아극자(我剋者)는 자손이 부자가 많이 나는 사(砂)이다.
- 극아자(剋我者)는 자손을 궁지에 모는 흉사(凶砂)이다.
- 아생자(我生者)는 설기(泄氣) = 식상(食傷)으로 손재(損財)하는 사(砂)이다.

【성수오행(星水五行)과 사(砂)의 방위】

星水五行에 대한 자세한 설명은 『과학적으로 증명하는 현장풍수_상원문화사 출간』 참조할 것

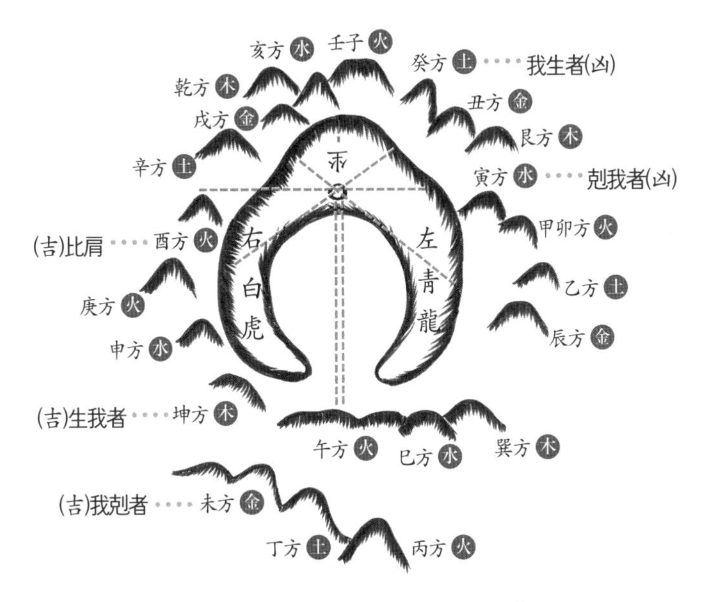

【子坐(火)인 경우의 성수오행[인반중침]】

앞에서 설명한 여러 가지 길사(吉砂)는 墓에서 보았을 때 귀인방(貴人方)에 보이면 더욱 좋지만 어느 방위에서 보이든 간에 좋은 사(砂)이다. 때문에 혈(穴) 앞에 많이 있기를 바라지만 이러한 귀사들은 인위적으로 만들 수는 없다. 다만, 이러한 귀사가 있음에도 불구하고 묘 앞에 높은 나무 등에 가려서 보이지 않은 귀사가 있다면 장애물(나무)을 제거하여 귀사가 잘 보이도록 해 주는 것이 좋다. 이도 비보의 한 방법이다.

사례

전남 보성군 득량면 해평리 바닷가에 가면 옛 국지사(國地師)의 소점인 구룡쟁주혈(九龍爭珠穴)이 있다. 당시 서울서 내려온 국지사가 穴 앞 바다 위 선상에서 말하기를 "당대 만석지지나 당대에 속패할 것"이라고 했다고 한다. 국지사의 예언은 적중되었지만 후세 지사들은 그 예언의 신비한 적중에 감탄할 뿐 그 원인에 대해서는 아무도 말한 사람이 없었다. 필자 역시 10여 년 전에 평소와 달리 필자 입향조 선산에 가면서 이 묘에서 100m 앞인 큰길을 따라 승용차로 지나면서 멀리서 바라보고 구룡쟁주형이 틀림없다고 느꼈을 뿐 속패(速敗)의 원인까지는 알 수 없었는데, 2013년 5월에 여러 회원들과 함께 두 번째로 그곳을 답사했다. 89세인 늙은 몸에 묘지까지는 못 가고 회원들만 보내고 쟁주형 묘지에서 70m 정도 앞에서 속패(速敗)의 원인을 알아내기 위해 세밀히 형기(形氣)상으로 분석해 보았다.

다음 산도(山圖)에서와 같이 첫째는 주산(主山)이 금성체〔노적봉〕가 분명해 富를 이루기는 하지만 바로 옆 우측에 필봉인 화성(火星)이 붙어 있어 화극금(火克金)인지라, 옆의 노적봉을 극해 버리기 때문에 속패(速敗) 원인 중 한 가지가 되고, 다음은 백호가 짧고 끝이 배주(背走)하기 때문에 이 역시 속패의 원인인 것으로 믿어졌다. 또 한 가지는 묘 위에 곡살(谷殺)이 있어서 이 역시 큰 흉살(凶殺)을 이루고 있었다.

◉ 흉살(凶殺)에 대한 비보방법

① 첫째, 주산에 있는 정확한 금성체(金星體=노적봉)를 극하는 바로 옆에 붙어 있는 화성체(火星體)와 그 밑에서 묘 위까지 내려오는 곡살(谷殺)에 대한 비보방법으로 墓 뒤에 키가 큰 상록수를 심어서 가려주는 방법 밖에 없다. 지금 같으면 큰 굴삭기로 위의 뾰쪽한 부분을 하루만 파내어 화성을 목성(木星)으로 바꿀 수도 있을 것이나, 그러나 그 墓의 후손들은 비보에 대해서 알지도 못하고 관심도 없어 설마 하다가 국사의 말이 적중되고 말았을 것이니 이 사실이 실화이고 보면 이 얼마나 신비스러운 일인가.

② 둘째, 백호가 짧고 끝이 혈을 감싸주지 못하고 오히려 배주(背走=반

대쪽으로 달아나는 형국)형이 되었으니 백호는 재운(財運)을 나타내는 것이니 이 역시 속패(速敗)와 관련이 있다고 볼 수 있다. 비보방법으로는 墓 옆에 동백나무 또는 한국 참향나무 등 키가 그다지 크지 않은 상록수를 심어 비보해 주는 것이 좋다. 이때 청룡 쪽은 흉살이 없어도 혈장(穴場)의 균형을 위해 양쪽 다 심어주는 것이 좋다.

【구룡쟁주형(九龍爭珠形)】

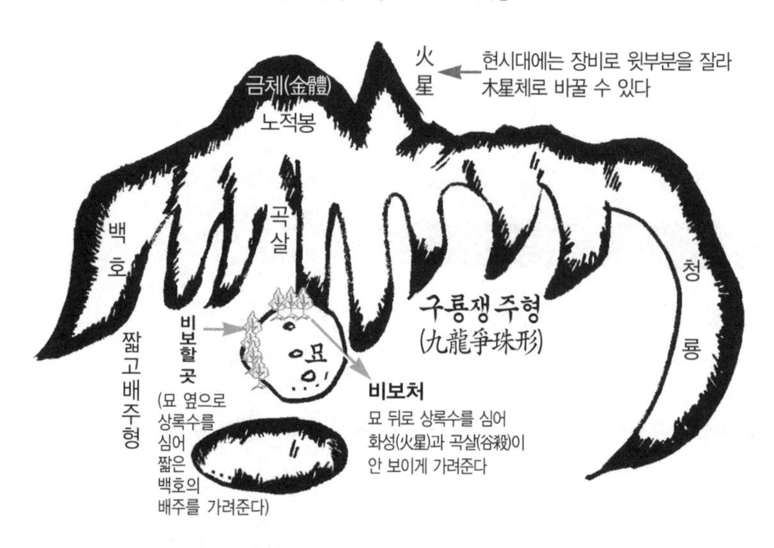

앞에서는 귀사(貴砂)에 대해 설명했으나 귀사를 하나하나 따로따로 분리해서 보면 귀사이지만 서로 상극(相剋)이 되어 결과적으로 흉살(凶殺)로 변하는 예를 들어 비보방법을 설명했다. 여기서는 하나하나가 흉살인 경우를 설명하겠다. 혈에서 보았을 때 어느 방위에 있든 간에 흉살로 보이면 나쁜 것이니 상록수를 심어 보이지 않도록 가려줘야 한다. 흉살 중에서도 대표적으로 8가지를 꼽는다. 그 팔흉살은 다음과 같다.

【팔살흉사도(八殺凶砂圖)】

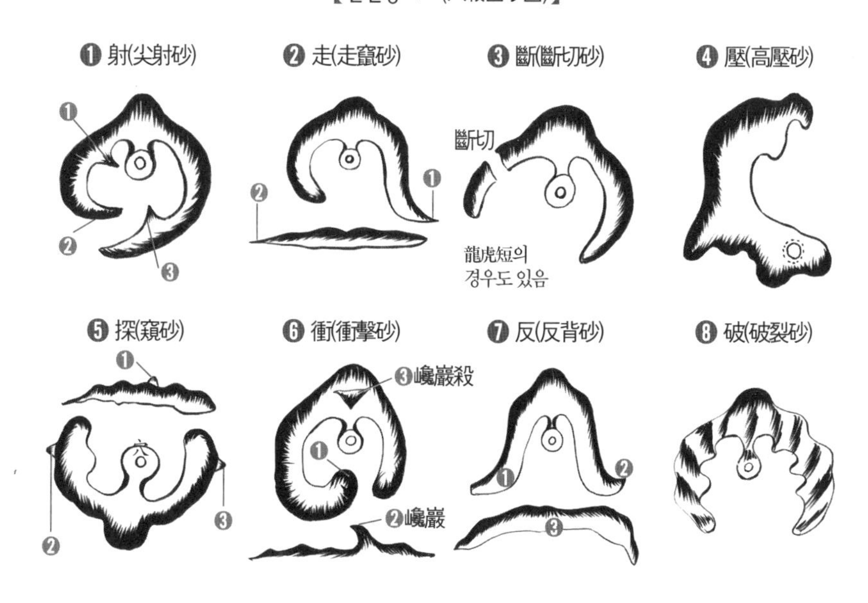

① 첨사사尖射砂에 대한 비보방법

첨사사(尖射砂)란 끝이 뾰쪽한 사(砂=龍의 끝부분)를 말한다. 우리나라 대부분의 산은 금수강산이어서 산세(山勢)가 아름답고 흉사가 별로 없다. 그러나 만약에 날카롭고 끝이 뾰쪽하여 혈의 앞이나 옆에서 찌를 듯이 보이면 자손이 상하게 된다. 바위가 그처럼 뾰쪽하게 생겼어도 마찬가지다. 이런 흉사(凶砂)가 혈(穴)에서 보이면 무조건 사철나무를 심어서 안 보이게 가려주어야 한다.

② 배주사背走砂에 대한 비보방법

청룡 · 백호 · 안산(案山) 등의 끝이 혈(穴)을 다정하게 감싸주지 않고 반대로 도주한 것처럼 생겼으면 자손이 고향을 떠나 파산하게 된다. 이런 경우도 사철나무를 심어서 보이지 않게 가려주는 방법 외에는 없다.

③ 단절사斷絶砂에 대한 비보방법

우리나라 산세(山勢)는 아름다워 원래부터 이렇게 청룡 · 백호 · 본신룡이 단절된 산은 드물다. 그러나 도로개설 등 개발로 인해서 짤린 곳이 있다. 이런 경우 짤린 곳으로는 지기(地氣)가 뻗어 내려오지 못하기 때문에 진혈(眞穴)이 될 수 없기 때문에 자손이 상하고 절손이 되는 등 피해를 입는다. 이런 경우는 나무를 심어 비보(裨補)를 한다 해도 별 효과가 없다. 이장을 해야 한다.

④ 고압사高壓砂에 대한 비보방법

원래부터 앞의 그림 ❹처럼 생긴 고압사는 없다. 다만 폭우로 산사태가 나서 뼈대만 남은 산의 형태라고 볼 수 있다. 그러나 이런 곳이 있다면 묘를 쓰면 안 된다. 묘를 쓴 후에 산사태로 그렇게 되었다면 빨리 이장을 해야 되며 만약 이장할 형편이 못 된다면 화장(火葬)을 해야 한다.

⑤ 규사窺砂에 대한 비보방법

규사 또는 규산사(窺山砂)는 청룡, 백호 또는 안산(案山) 뒤에 있는 객산(客山=다른 산)의 산봉우리가 혈지(穴地)를 넘어다 보는 이른바 도적봉을 말한다. 이런 규사가 보이면 도적질하는 자손이 생기거나, 크게 실물손재를 당한다. 이런 경우는 혈지를 밑으로 내리면 보이지 않으며, 위로 올리면 더 크게 보여 규사의 한계를 벗어나게 된다. 위아래로 조절이 안 되면 나무를 심어 규사가 안 보이게 하는 방법뿐이다.

⑥ 참암살巉窺殺에 대한 비보방법

혈 위나 옆에서 뾰쪽한 바위가 혈을 찌르는 형국이면 이를 참암살 또는 충살(衝殺)이라 하며 자손에게 큰 피해를 준다. 필자의 경험에 의하면 뾰쪽하지 않은 바위라도 크기와 묘와의 거리에 따라 차이는 있으나 직경 1m 이상만 되는 바위라도 墓에 가까우면 피해를 본다. 직경 2m 이상인 바위가 墓 옆이나 위에 있다면 5년 이내에 인명이나 재산의 피해를 보게 된다.

어떤 지사들은 크던 작던 간에 바위만 있으면 氣가 센 증거라고 좋아하는 사람들이 흔히 있다. 30㎝ 미만의 반월형 뇌두석(腦頭石)과는 크게 차이가 있으니 바위만 있으면 뇌두석으로 착각하는 우를 범하지 않아야 한다. 이런 흉살(凶殺)이 있으면 제살(除殺)할 수 있는 비보방법도 없으니 어떤 경우에라도 묘를 쓰지 말아야 한다. 지사들의 감언이설에 용사를 했다면 피해를 당하기 전에 이장해야 되며 그럴 형편이 되지 못하면 火葬을 권한다.

⑦ 반배사反背砂에 대한 비보방법

반배사(反背砂)란 청룡·백호·안산 또는 조산이 혈을 다정하게 감싸주지 않고 반대로 배반하는 것을 말하며 형제간에 불목 손재한다. 이런 곳에는 용사를 하지 않는 것이 원칙이지만 모르고 묘를 썼다면 아는 즉시 이장하거나 그러지 못할 형편이라면 사철나무로 완전히 가려주는 방법밖에 없다.

⑧ 파열사破裂砂에 대한 비보방법

파열사란 본신룡·혈장 또는 청룡·백호 등 주위 산이 보기 흉하게 파열되어 殺이 되는 것을 말한다. 파열사는 보통 산이 사질토(모래흙)로 이루어져 오랫동안의 폭우 등으로 땅이 유실되어 계곡이 많이 생겨 보기 흉한 모습으로 변한 것이다. 이런 곳에 용사를 하면 재산이 없어지고 자손이 상한다. 특별한 비보방법이 없다. 이런 곳은 지기(地氣)가 전혀 뭉치지 않아 진혈(眞穴)을 이룰 수 없기 때문에 비보책도 없으니 절대로 墓를 써서는 안 된다.

⑨ 기타 길흉사(吉凶砂)에 대한 비보방법

앞에서 설명한 길흉사(吉凶砂) 외에도 •공경사(公卿砂, 벼슬사) •거부사(巨富砂) •왕비사(王妃砂) •부마사(駙馬砂) •대과사(大科砂) •효자사(孝子砂) •장군사(將軍砂) 등과 같은 길사(吉砂)들이 있으며, •절손사(絕孫砂) •빈궁사(貧窮砂) •전사사(戰死砂) •익사사(溺死砂) •맹인사(盲人砂) •건각사(蹇脚砂) •음탕사(淫蕩砂) •화재사(火災砂) 등과 같은 흉사(凶砂)들이 있다.

이러한 내용은 필자가 쓴 『과학적으로 증명하는 현장풍수_상원문화사 출간』에 자세히 설명되어 있으니 생략하기로 한다. 다만 종합적 비보방법만 설명하자면 모든 길사(吉砂)는 묘역에서 잘 보이도록 나무 등을 정리해 주어야 하고, 반대로 흉사(凶砂)의 경우는 묘역에서 보이지 않도록 사철나무 등으로 가려주어야 한다.

그러나 다음과 같은 예외도 있다.

예1 시체사(屍體砂)같은 경우는 혈형(穴形)이 비아탁시(까마귀가 시체를 쪼아 먹는 穴形)라면 시체사가 꼭 필요하기 때문에 가려줄 필요가 없다. 나무 등으로 가려져 있으면 오히려 이를 제거하여 잘 보이도록 해 주어야 한다.

예2 음탕사의 경우도 혈장이 음습한 형국이라면 안산에 경대처럼 생긴 바위가 있을 경우 음탕한 자손이 나온다 해서 꺼리지만 옥녀단좌 같은 물형에서는 필요한 사(砂)이니 혈의 물형을 정확히 판단하여 비보방법을 선택하여야 한다.

예3 간부사(奸婦砂)의 경우도 백호나 안산에 홀로 길고 곧게 뻗어 내린 사(砂)가 있으면 음탕한 자손이 생기거나 재산이 패한다 했지만 옛날에는 자손이 많이 불어나는 것을 무엇보다 바랐기 때문에 길사(吉砂)로 생각하는 사람도 있었다. 하지만 성범죄를 엄하게 다스리는 현 시대에는 이런 사(砂)는 흉사(凶砂)가 분명하니 만약 그런 사가 있다면 보이지 않도록 비보가 필요하다.

제6부

각종 수법에 따른 입향과 비보방법

❀ ❀ ❀

『장경(葬經)』에 "혈(穴)은 물이 길(吉)해야 된다" 했고, 양균송은 "산을 보기 전에 물을 보라", "진룡(眞龍)과 진혈(眞穴)은 여러 곳의 물이 모인 곳에 있다"고 했다. 따라서 이기(理氣)상으로나 형기(形氣)상으로 길수(吉水)를 얻지 못하면 혈(穴)을 논할 수 없다.

필자의 저서 『실전풍수입문』『풍수이론의 정립』『과학적으로 증명하는 현장풍수』에서 각종 수법(水法)을 세밀히 설명해 놓았기 때문에 이 책에서는 각종 수법의 입향(立向) 관계가 맞지 않았을 때 필요한 비보방법에 한해서 설명하기로 하겠다.

제1장 수구사국 포태법水口四局 胞胎法

이번 장에서는 이미 알고 있는 각종 수법(水法)의 핵심만이라도 기억을 되살리기 위해 요점만 간략하게 설명하고, 수법상의 허점이 있으면 그에 대한 비보방법을 자세히 설명하겠다.

수구(水口)란 모든 수법(水法)의 근원이며 또한 기본이다.
수구는 水·木·火·金 4국(四局)으로 나눈다.

● 수구사국(水口四局)

辛戌, 乾亥, 壬子 水口 · · · 火局

癸丑, 艮寅, 甲卯 水口 · · · 金局

乙辰, 巽巳, 丙午 水口 · · · 水局

丁未, 坤申, 庚酉 水口 · · · 木局

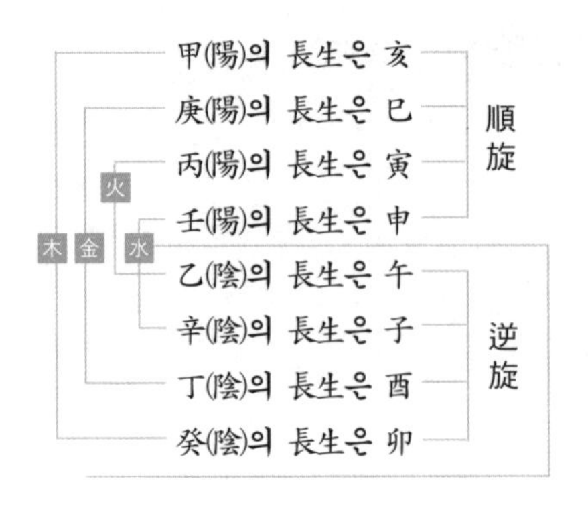

【표 1】

예를 들어 乙辰·巽巳·丙午 수국(水局)을 분석해 보면 乙辰은 사고장, 巽巳는 음룡, 丙午는 양룡이다. 이처럼 각 국(局)마다 사고장, 음룡, 양룡으로 구성되어 있다. 즉, 乙·辛·丁·癸 사고장과 乾·坤·艮·巽 음룡과 甲·庚·丙·壬의 양룡 순으로 구성되어 사국(四局)을 이루고 있다.

다음 수국신룡(水局辛龍)이라 기록됨은【표 1】에서와 같이 수국의 음룡은 辛龍이요 辛龍의 장생(長生)은 壬子란 뜻이다. 다시 말하자면 乙辰·巽巳·丙午破인 수국에서는 음룡인 辛龍의 長生龍은 壬子龍이란 뜻이다〔다른 局도 같다〕.

천하의 산천은 인위적인 것이 아니라 자연상태로 형성된 것이기 때문에 24방위 어느 곳이든 물은 빠져 나가게 되어 있지만 파구〔破口=水口〕는 어디가 되었든 4대 수구(水口)의 범주 내에 들어 있게 되어 있으므로 火·金·水·木 4대국(四大局) 중 어느 한 국(局)에 해당되어 있는 것이다.

제2장 삼합오행 수법三合五行水法

삼합오행 수법은 각종 포태수법(胞胎水法)의 핵심이라 할 수 있다. 그만큼 여러 가지로 적용된다. 예를 들면 乾甲丁 삼합이라면 乾坐의 묘에서 靑龍·白虎 끝이 甲方과 丁方이 되는 삼합도 있고 청룡·백호 양쪽에 길사(吉砂)가 있어 좌(坐)와 삼합을 이루어도 길(吉)한 것이다. 그러나 여기서는 수법을 논하는 것이니 삼합오행에 관련된 수법만 설명하겠다.

도선국사(道詵國師)의 『유산록』에 나오는 명혈(名穴)들을 분석해 보면 50개 혈 중 16개 혈이 삼합에 해당되며, 그 가운데 15개 소(所)는 坐 중심의 삼합혈(三合穴)이며 1개 所만 向 중심의 삼합혈이다.

삼합오행 수법을 간추려 보면 결론적으로 坐를 중심으로 삼합국을 이룰 수도 있고〔예 乾坐 甲得 丁破〕 向을 중심으로 삼합국을 이룰 수도 있다〔예 巽向 庚得 癸破〕.

그리고 삼합국에서 사고장 乙辛丁癸, 辰戌丑未는 좌향(坐向)이나 득(得)이 될 수 없고 언제나 묘파(墓破)가 되어야 한다. 같은 삼합국일지라도 목국(木局)인 乾甲丁 삼합국에 있어서 甲坐의 경우는 양간(陽干)이기 때문에 坤申에서 기포(起胞)하여 순선〔順旋=시계바늘 방향으로 돌림〕하며 乾坐의 경우는 음간(陰干)이기 때문에 역선〔逆旋=시계바늘 반대방향〕해야 왕좌(旺坐)에 생득(生得) 묘파(墓破)가 됨을 알 수 있다.

이처럼 삼합혈은 모두가 왕좌(旺坐)에 생득(生得) 묘파(墓破)가 되는 것이 원칙이다. 그리고 물의 좌·우선(左·右旋)에 있어서도 묘(墓)의 좌(坐)에서 좌·우선이 결정된다.

다음 페이지 삼합도에서 나타나는 바와 같이 甲坐·乾得·丁破가 되어 삼합국이 된다면 우선수가 적법이고 甲向·乾得·丁破가 되어 삼합국이 된다면 좌선수가 되어야 적법임을 확인할 수 있다. 88향수법, 향상포태수법, 장생수법 등에 있어서는 向 위주의 수법이기 때문에 후자에 속한다. 즉, 甲向의 경우는 좌선수가 적법인 것이다.

※三合穴에서 坐 중심이 아니고 向 중심의 삼합혈인 경우는 左·右旋水는 위와 반대가 된다.

◉**여러 가지 삼합혈(三合穴)의 예**

- **甲坐도 木局이지만 양왕좌(陽旺坐)이기에 坤申에서 기포(起胞) 순선** 〔順旋=시계바늘 방향〕**한다.**
- **乾坐는 木局이지만 음왕좌(陰旺坐)이기에 丙午에서 기포(起胞) 역선** 〔逆旋=시계바늘 반대방향〕**한다.**
- **삼합혈에서는 원칙적으로 왕좌(旺坐) 또는 왕향(旺向)에 생득(生得) 묘파(墓破)가 되어야 정상이다. 그러나 乾甲丁 삼합인 경우 乾과 甲은 서로 坐나 得이 될 수는 있어도 破가 되어서는 안 되며, 丁은 사고장이니 墓의 破가 되어야지 得이나 坐가 될 수 없다는 것을 이해해야 된다.**

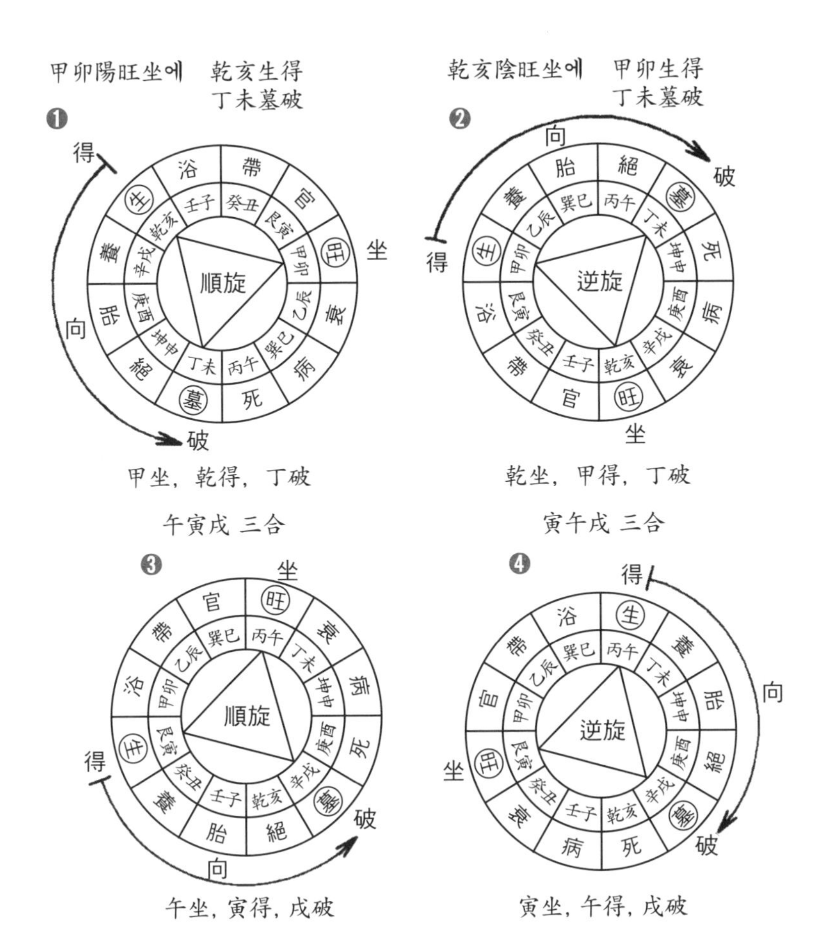
甲卯陽旺坐에 乾亥生得
丁未墓破
❶
得
向
破
坐
浴
帶
官
旺
衰
病
死
墓
絕
胎
養
生
壬子
癸丑
艮寅
甲卯
乙辰
巽巳
丙午
丁未
坤申
庚酉
辛戌
乾亥
順旋
甲坐，乾得，丁破
午寅戌 三合
乾亥陰旺坐에 甲卯生得
丁未墓破
❷
向
破
得
坐
胎
絕
墓
死
病
衰
旺
官
帶
浴
生
養
逆旋
乾坐，甲得，丁破
寅午戌 三合
❸
坐
官
旺
衰
病
死
墓
絕
胎
養
生
浴
帶
順旋
得
向
破
午坐，寅得，戌破
❹
得
向
坐
破
浴
生
養
胎
絕
墓
死
病
衰
旺
官
帶
逆旋
寅坐，午得，戌破

약칭 향상포태법이라고도 하는데 이 역시 12쌍산위(雙山位)를 火局·金局·水局·木局의 4개局으로 나누고 기포점(起胞点=胞의 출발점) 또한 金局은 艮寅, 水局은 巽巳, 木局은 坤申, 火局은 乾亥에서 기포하는 것은 앞의 수구사국법의 경우와 같다. 다만 작국(作局)에서 수구(水口)의 기준이 아니라 向을 위주로 한 것이 다르다. 그러므로 향상작국법(向上作局法) 또는 향상포태법이라 한다.

향상작국법은 우선 24방위를 삼합오행으로 木局·火局·金局·水局의 4局으로 분류하면 된다. 본국인 乾甲丁, 亥卯未란 곧 乾亥, 甲卯, 丁未向이 본국이라는 것이다. 기포점도 수구사국에서와 똑같은 요령으로 운영한다.

예시하자면 壬坐丙向은 火局으로 乾亥에서 출발(起胞)하고 卯坐酉向은 酉向이 金局으로 艮寅에서 기포하며, 癸坐丁向은 木局으로 坤申에서 기포하고, 寅坐申向은 水局인바 巽巳에서 기포 순행하여 길흉화복을 도출하는 방법에서는 수구사국법과 별로 다를 바 없다.

향상포태 4국의 운용 방법

- 乾甲丁건갑정 亥卯未해묘미 向향은 木局목국이다
- 艮丙辛간병신 寅午戌인오술 向향은 火局화국이다
- 巽庚癸손경계 巳酉丑사유축 向향은 金局금국이다
- 坤壬乙곤임을 申子辰신자진 向향은 水局수국이다

향상포태법은 우리나라 지사들이 진혈(眞穴)을 재혈할 때나 구묘(舊墓)의 길흉을 확인하기 위해 제일 많이 운용하고 있는 수법이다. 이는 혈의 向을 중심으로 물의 파구(破口)와 득수(得水)의 길흉을 확인하는 수법이다. 특히 호남지방에서는 거의 이 향상포태법을 사용한다. 우리가 산에 올라가 용(龍)·혈(穴)·사(砂)·수(水)에 대해서 두루 살피고 여러 가지 혈증을 찾아 眞穴이 될 만한 자리를 발견했을 때 최종적으로 제일 어렵고 중요한 것은 재혈인데 수구와 좌향과의 조절이다. 선견수구(先見水口)하라는 말도 그렇기 때문인 것이다. 물론 재혈에 있어 입수와 좌향 조절, 좌향과 망인의 생년, 사격(砂格)과의 관계 등 두루 세밀하게 살펴야 하지만 그중에서도 수법이 가장 중요함을 강조하는 말이다.

수구는 인위적으로 조절할 수 없으므로 혈의 좌향을 수구에 알맞도록 조절하되 수구에 맞는 좌향이 없으면 진혈이 아니라는 뜻이다. 88향법에서는 향상포태법 운용방법을 다음과 같이 설명하고 있다.

다음 설명 내용과 같은 파(破)일지라도 향에 따라 정고소수(正庫消水), 차고소수(借庫消水), 문고소수(文庫消水), 녹마귀인파(祿馬貴人破), 구빈황천(救貧黃泉) 등으로 길흉을 조절 배분하고 있음은 다른 수법과의 조절 관계 때문이 아닌가 생각한다.

양파(養破), 욕파(浴破), 쇠파(衰破), 병파(病破), 장·묘파(葬·墓破)는 길파(吉破)에 해당되며 기타 다른 破는 흉파(凶破)이다. 다만,

- **양파**養破의 경우 艮寅, 坤申, 乾亥, 巽巳 向에 한해서 차고소수가 되어 吉하며 기타 向에서는 凶破이다.
- **욕파**浴破의 경우도 艮寅, 坤申, 乾亥, 巽巳, 甲卯, 庚酉, 丙午, 壬子 向에 한해서 문고소수에 해당되는 吉破이며 기타 向은 凶破이다.
- **쇠파**衰破의 경우 甲卯, 丙午, 壬子, 庚酉 向에 한해서 차고소수가 되어 길파에 해당된다.
- **관파**官破의 경우 甲卯, 庚酉, 丙午, 壬子 向에서는 특히 대황천파(大黃泉破)가 되어 大凶破이다. 다른 向에서도 凶破이다.
- **태파**胎破는 乙辰, 辛戌, 丁未, 癸丑 向에 한해서 吉凶이 半半되는 특이한 向이다. 그러나 새로 穴을 定할 때는 다른 吉向을 택하는 것이 가능할 것이다.
- **사파**死破는 乙辰, 辛戌, 丁未, 癸丑 向에 한해서 소황천파(小黃泉破)가 되어 凶破이다.
- **절파**絶破의 경우 乙辰, 辛戌, 丁未, 癸丑 向에 한해서 구빈황천파(救貧黃泉破)가 되어 吉破이다.
- **병파**病破의 경우 乙辰, 辛戌, 丁未, 癸丑 向에 한해서 病破가 되면 녹마귀인파(祿馬貴人破)가 되어 吉破이다.
- **묘파**墓破의 경우 乾亥, 坤申, 艮寅, 巽巳, 甲卯, 庚酉, 丙午, 壬子 向에 한해서 정고소수인 吉破가 된다(乙辛丁癸, 辰戌丑未 向만 제외).

예를 들어 혈의 좌향이 艮坐坤向일 경우 수구가 丁破라면 坤向의 혈에 대해서 吉破인가 凶破인가를 확인하려 할 때 우선 坤向은 水局에 해

당된다. 따라서 巽巳에서 기포하여 순행으로 돌리면 丁破는 養破이며 차고소수에 해당되기 때문에 吉破인 것이다.

여기까지의 포태법 중 가장 중요한 핵심을 요약하면 다음과 같다.

❶ 수구사국을 알고 龍, 入首, 坐의 길흉을 알기 위해서는 역포태로 역행(逆行 = 역포태)〔산이나 룡은 음이므로 역으로〕.

❷ 향상포태사국을 알고 得과 破口의 길흉관계를 알기 위해서는 물은 陽이기 때문에 순행(順行 = 순포태)하여 得水는 吉星이라야 吉하며 破口는 凶星이어야 吉하다는 원칙만은 충분히 이해하고 다음 다른 수법에 대해서 연구해야 할 것이다.

지금까지 호남지방에서 제일 많이 사용하고 있는 향(向)을 중심으로 향과 수구〔水口 = 破〕와의 궁합을 보는 향상포태수법(向上胞胎水法)에 대해 설명했으나 원만히 공부를 한 사람들은 다음 조견표만 보아도 이해가 되어 현장에서 바로 활용할 수 있으리라 믿고 다음 흉파(凶破)에 대한 비보방법만 자세히 설명할까 한다.

비보방법은 수법별로 따로따로 쓰게 되면 거의 중복되는 내용이 많기 때문에 각종 수법에 대해서 핵심만 설명하고 그에 대한 비보방법은 종합적으로 수법 설명 다음에 자세히 기록할까 한다.

모든 墓의 향(88向)을 분석하면 왕향(旺向)과 묘향(墓向) 크게 두 가지로 구분되며, 왕향(旺向)은 다시 양왕향(陽旺向)과 음왕향(陰旺向)으로 나뉘게 되며, 묘향(墓向)도 陰·陽으로 구분된다. 묘의 향이 甲庚丙壬向, 子午卯酉向은 陽旺向에 해당되니 순선(順旋)이어야 되며, 乾坤艮巽向이나 그 지지(地支) 향인 寅申巳亥向은 陰旺向이니 역선(逆旋)해야 한다.

【양왕향과 음왕향】

陽旺向 順旋 (陽局)	甲庚丙壬 向, 卯酉午子 向
陰旺向 逆旋 (陰局)	乾坤艮巽 向, 亥申寅巳 向
陽衰向 順旋 (陽局)	辰戌丑未 向
陰衰向 逆旋 (陰局)	乙辛丁癸 向

사고장(四庫藏)인 辰戌丑未 地支向은 양쇠향(陽衰向)이요, 乙辛丁癸 天干向은 음쇠향(陰衰向)이라고 기록되어 있으나 실은 한 단계가 빠진 설명이다. 왜냐하면 사실대로라면 乙辛丁癸向이나 辰戌丑未向이 墓向에

해당된다. 그러나 墓向을 그대로 적용하면 전국(全局)이 흉살로 가득 차게 되기 때문에 쇠향(衰向)이 되도록 국(局)을 차국(借局)해야 된다. 위의 내용을 알기 쉽게 설명한다면 다음과 같다.

가. 陽旺向의 대표로 壬坐丙向, 子坐午向의 경우를 설명하면 丙·午向은 艮丙辛 寅午戌 火局에 해당된다. 陽局이기 때문에 화국의 기포점인 乾亥에서 출발하여 順旋하면 丙·午向은 旺向에 해당됨을 확인할 수 있다. 다른 陽旺向도 이와 같은 요령으로 확인해 보면 예외 없이 旺向에 해당된다.

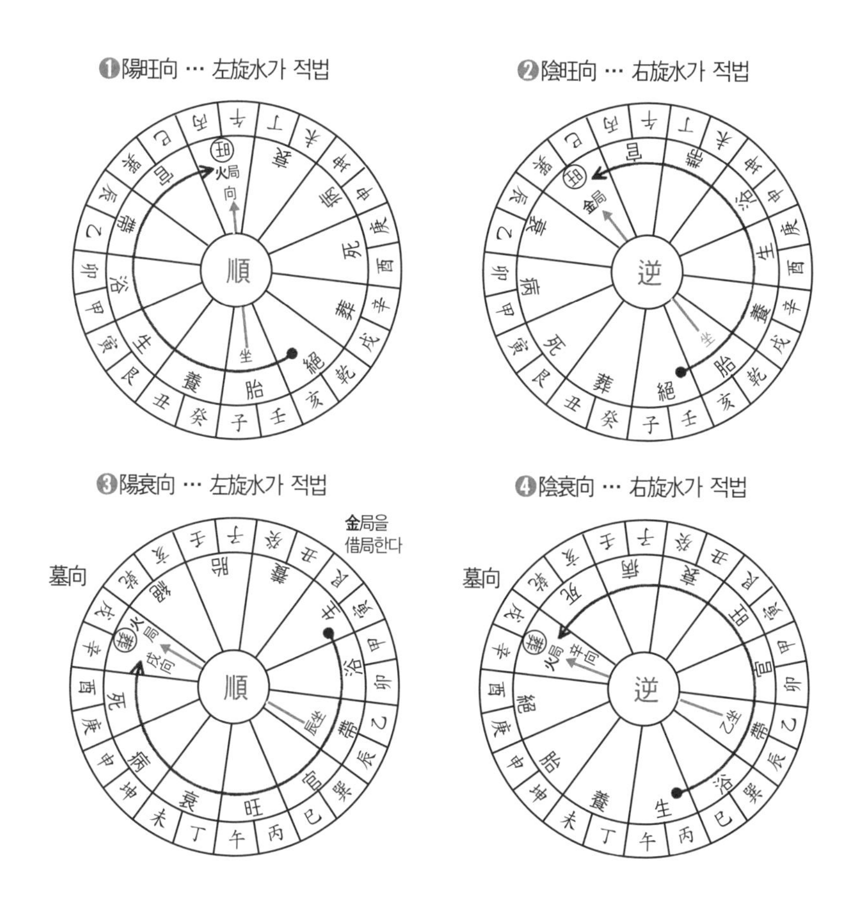

나. 陰旺向의 대표로 乾坐巽向, 亥坐巳向의 경우를 설명하면 巽·巳向은 巽庚癸 巳酉丑 金局에 해당된다. 陰局이기 때문에 金局의 역(逆) 기포점 壬子에서 출발하여 逆旋하면 巽·巳向은 역시 旺向에 해당됨을 확인할 수 있다. 다른 陰旺向도 모두 이와 같은 요령으로 확인해 보면 예외 없이 旺向에 해당된다.

다. 앞의 그림에서와 같이 쇠향(衰向)에 대해서는 설명하기가 좀 복잡하다. 왜냐하면 사실대로라면 쇠향이 아니라 墓向에 해당되나 묘향은 불가하므로 차국(借局)해야 되기 때문이다. 그러면 어떤 요령으로 차국하느냐가 문제가 된다. 여러 가지 이론을 전개할 수도 있으나 제일 알기 쉽게 설명하자면 양쇠향(陽衰向)에 있어서는 순선(順旋)하는 방향으로 가장 가까운 국(局)을 차국한다. 차국한 金局에서 기포하여 순선하면 戌向은 쇠향이 됨을 확인할 수 있다. 다른 쇠향도 이와 같은 요령으로 확인해 보면 예외 없이 衰向이 된다. 따라서 戌向을 차국한 金局에서 기포 順旋하며 向과 水口와의 吉凶 관계를 확인한다.

라. 陰衰向의 경우는 대표로 乙坐辛向에 대해 설명하자면 辛向은 火局이지만 화국에서 逆胞胎로 돌리면 墓向에 해당되나 앞에서 설명한 바와 같이 묘향은 불가하기 때문에 借局을 해야 된다〔局이 달라지면 자연히 向도 달라진다〕. 借局하는 요령은 辛向이 陰局이기 때문에 逆旋하는 방향에서 가장 가까운 木局을 借局한다. 借局한 木局의 역기포점 丙·午에서 기포하여 逆旋하면 辛向은 墓向이 아니라 衰向이 됨을 알 수 있다. 다른 음쇠향인 乙向·丁向·癸向도 이와 같은 요령으로 확인해 보면 예외 없이 衰向이 된다〔앞 그림 참조〕. 위에서 설명한 것처럼 원래의 局과 向이 불가하기 때문에 局과 向을 빌리는 것을 차국차향(借局借向)이라 한다.

이상 설명한 바와 같이 장생수법에서는 양왕향·음왕향 그리고 양쇠향·음쇠향으로 나누어 포태법을 적용하고 음양에 따라 순선(順旋)과 역선(逆旋)하는 방법 및 사고장〔乙辛丁癸 辰戌丑未〕에 대해서는 차국차향하는 방법이 좀 복잡한 것 같지만 앞에서 설명한 운용 요령만 충분히 이해하면 다른 수법에 비해 제일 정확하기 때문에 필자는 이 장생수법을 적극 권장한다.

그러나 필자는 가급적 88향수법 및 향상포태 사국수법과 장생수법 세 가지 수법이 다 적중되는 수법을 적용하려고 노력하고 있다. 왜냐하면 88향이나 향상법은 맞아도 장생수법으로 볼 때에 凶하다면 어느 것이 진(眞)인지 과학적으로 검증하기 어렵기 때문이다. 장생수법에 대한 설명 외에도 다른 수법도 많지만 다른 설명 및 수구에 따른 길흉화복(吉凶禍福) 조견표 등은 생략하니 필자의 저서 『과학적으로 증명하는 현장풍수』에서 자세히 설명된 내용들을 참고해 주시기 바란다.

다음 조견표는 장생수법에서 묘의 좌향에 따른 물의 득파(得破)에 대한 길흉을 표시한 조견표이다. 장생수법은 호남지방에서는 쓰는 지관들이 거의 없고 충청 이북에서 제일 많이 사용하는 수법이며 도선국사 『유산록』에서 발췌한 50여 개 혈 중 제일 적중률이 높은 수법이다. 그러니 이 책에서는 비보방법에 대한 설명 위주이기 때문에 배웠던 기억을 되살리기 위해 그 핵심만 소개한 것이다. 따라서 조견표만 보면 묘의 좌향에 대해 득(得)과 파(破)의 길흉을 확인할 수 있으니 만약 흉득(凶得) 흉파(凶破)라면 절대적으로 비보가 필요한 것이다. 그 비보방법은 다음에 종합적으로 설명하기로 한다.

【24수 길흉격 조견표(장생수법)】

득파 (○길득수 ●길파 ▲황천파) / 묘의 좌향	辛戌	乾亥	壬子	癸丑	艮寅	甲卯	乙辰	巽巳	丙午	丁未	坤申	庚酉	좌선수와 우선수
乙좌辛향(음衰향) 木국	●衰 득파	旺○ ▲黃泉水	官○	帶○	浴	生○	養	胎	絶	●墓	●死	●病	右水到左局(음국) (우선수)
辰좌戌향(양衰향) 金국	●衰 득파	●病	●死	●墓	絶	胎	養	生○	浴	帶○	官○ ▲黃泉水	旺○	左水到右局(양국) (좌선수)
巽좌坤향(음旺향) 巳좌亥향(음旺향) 木국	●衰 득파	旺○ ▲黃泉水	官○	帶○	浴	生○	養	胎	絶	●墓	●死	●病	右水到左局(음국) (우선수)
丙좌壬향(양旺향) 午좌子향(양旺향) 水국	帶○ 득파	官○ ▲黃泉水	旺○	●衰	●病	●死	●墓	絶	胎	養	生○	浴	左水到右局(양국) (좌선수)
丁좌癸향(음衰향) 火국	●墓 득파	●死	●病	●衰	旺○ ▲黃泉水	官○	帶○	浴	生○	養	胎	絶	右水到左局(음국) (우선수)
未좌丑향(양衰향) 水국	帶○ 득파	官○ ▲黃泉水	旺○	●衰	●病	●死	●墓	絶	胎	養	生○	浴	左水到右局(양국) (좌선수)
坤좌艮향(음旺향) 申좌寅향(음旺향) 火국	●墓 득파	●死	●病	●衰	旺○ ▲黃泉水	官○	帶○	浴	生○	養	胎	絶	右水到左局(음국) (우선수)
庚좌甲향(양旺향) 酉좌卯향(양旺향) 木국	養 득파	生○	浴	帶○	官○ ▲黃泉水	旺○	●衰	●病	●死	●墓	絶	胎	左水到右局(양국) (좌선수)
辛좌乙향(음衰향) 金국	養 득파	胎	絶	●墓	●死	●病	●衰	旺○ ▲黃泉水	官○	帶○	浴	生○	右水到左局(음국) (우선수)
戌좌辰향(양衰향) 木국	養 득파	生○	浴	帶○	官○ ▲黃泉水	旺○	●衰	●病	●死	●墓	絶	胎	左水到右局(양국) (좌선수)
乾좌巽향(음旺향) 亥좌巳향(음旺향) 金국	養 득파	胎	絶	●墓	●死	●病	●衰	旺○ ▲黃泉水	官○	帶○	浴	生○	右水到左局(음국) (우선수)
壬좌丙향(양旺향) 子좌午향(양旺향) 火국	●墓 득파	絶	胎	養	生○	浴	帶○	官○ ▲黃泉水	旺○	●衰	●病	●死	左水到右局(양국) (좌선수)
癸좌丁향(음衰향) 水국	帶○ 득파	浴	生○	養	胎	絶	●墓	●死	●病	●衰	旺○ ▲黃泉水	官○	右水到左局(음국) (우선수)
丑좌未향(양衰향) 火국	●墓 득파	絶	胎	養	生○	浴	帶○	官○ ▲黃泉水	旺○	●衰	●病	●死	左水到右局(양국) (좌선수)
艮좌坤향(음旺향) 寅좌申향(음旺향) 水국	帶○ 득파	浴	生○	養	胎	絶	●墓	●死	●病	●衰	旺○ ▲黃泉水	官○	右水到左局(음국) (우선수)
甲좌庚향(양旺향) 卯좌酉향(양旺향)	●衰 득파	●病	●死	●墓	絶	胎	養	生○	浴	帶○	官○ ▲黃泉水	旺○	左水到右局(양국) (좌선수)

● 陽旺向 → 甲 庚 丙 壬 子 午 卯 酉向　● 陽衰向 → 辰 戌 丑 未向
● 陰旺向 → 乾 巽 艮 坤 寅 申 巳 亥向　● 陽旺向 → 乙 辛 丁 癸向

제5장 88향수법向水法과 입향 방법

입향이란 혈의 좌향, 즉 음택〔墓〕과 양택〔집〕의 좌향을 정하는 일이다. 옛날부터 "선견수구(先見水口)하라" 했듯이 수구의 방위에 따라 입향하는 것이 원칙이므로 우선 수구사국을 알고 상당수(上堂水)의 최종 거수처〔去水處=내파〕를 나경 외반봉침(外盤縫針)으로 정확히 정하고 입향해야 한다. 수구별 입향요령은 다음과 같다.

【88향 수법과 입향 방법】

局 向	水 口	向位 및 포태법과의 관계
正局向·48向	❶ 乙辛丁癸 水口가 右旋水인 경우	❶ 당국堂局의 형세가 입향에 합당하면 乾亥·坤申·艮寅·巽巳 등의 장생방長生方으로 입향한다(正生向).
	❷ 乙辛丁癸 水口가 右旋水인 경우	❷ 당국堂局의 형세가 적합하지 않거나 용상팔살龍上八殺 흉사凶砂 등이 있으면 乾亥·坤申·艮寅·巽巳 등의 절위방絶位方으로 입향한다(自生向).
	❸ 乙辛丁癸 水口가 左旋水인 경우	❸ 甲卯·庚酉·壬子·丙午 등 왕향旺向으로 입향한다(正旺向).
	❹ 乙辛丁癸 水口가 左旋水인 경우	❹ 甲卯·庚酉·壬子·丙午 등 사위방死位方으로 입향한다(自旺向).
	❺ 乾坤艮巽 水口가 左旋水인 경우	❺ 乙辰·辛戌·丁未·癸丑 중 고장방庫藏方을 향해 입향한다(正墓向).
	❻ 乾坤艮巽 水口가 右旋水인 경우	❻ 乙辰·辛戌·丁未·癸丑 중 양위養位를 향해 입향한다(正養向).

局向	水口	向位 및 포태법과의 관계
變局向·40向	❼ 向上浴方인 甲庚丙壬方으로 右旋水라면	❼ 甲卯·庚酉·丙午·壬子 등을 입향하여 목욕소수沐浴消水한다(목욕소수법沐浴消水法).
	❽ 左旋水가 역시 甲庚丙壬 등 浴方으로 出水하면	❽ 乾亥·坤申·艮寅·巽巳向 중 장생위長生位를 택해 입향한다(문고소수법文庫消水法).
	❾ 左旋水가 甲庚丙壬方으로 流去하면	❾ 乙辰·辛戌·丁未·癸丑向 등 쇠향태류衰向胎流하는 제왕위帝旺位를 택해 입향한다(쇠향태류법衰向胎流法).
	❿ 右旋水가 甲庚丙壬方으로 去하면	❿ 甲卯·庚酉·丙午·壬子 등 태향胎向을 택해서 입향한다(태향태류胎向胎流 당면출살법當面出煞法).
	⓫ 水口가 乾坤艮巽이면서 右旋水가 된다면	⓫ 절향절류絶向絶流가 되는 乾亥·坤申·艮寅·巽巳向으로 입향한다(절향절류絶向絶流 당면출살법當面出煞法).

1 정국향正局向=48향과 변국향變局向=40향

◉ 정국향

- 물이 乙·辛·丁·癸 사고장위(四庫藏位)로 유거(流去)하고 甲卯·庚酉·丙午·壬子 방위와 乾亥·坤申·艮寅·巽巳 방위로 立向하는 정생향(正生向)·정왕향(正旺向)·자생향(自生向)·자왕향(自旺向)의 32향과,
- 물이 乾·坤·艮·巽 방위로 유거(流去)하고 乙辰·辛戌·丁未·癸丑 방위로 향해 立向하는 정양향(正養向)과 정묘향(正墓向)의 16향이 있어 합하면 48향이며 이를 정국향(正局向)이라 한다.

◉ 변국향

- 물이 甲·庚·丙·壬 방위로 유거〔流去=내파〕하고 甲卯·庚酉·丙

午·壬子 방위로 입향하는 목욕소수법(沐浴消水法)과,

- 乾亥·坤申·艮寅·巽巳 방위로 입향하는 문고소수법(文庫消水法)이 있다.
- 甲·庚·丙·壬 방위의 당문파(堂門破)로 흐르고 역시 乙辰·辛戌·丁未·癸丑 位로 입향하는 쇠향태류법(衰向胎流法)이 있으며 甲卯·庚酉·丙午·壬子 位로 입향하는 태향태류법(胎向胎流法)도 있다.
- 乾·坤·艮·巽 位로 출수(出水)하고 역시 乾亥·坤申·艮寅·巽巳 방위로 입향하는 절향절류(絶向絶流)의 당면출살법(當面出煞法)이 있다.
- 끝으로 乙·辛·丁·癸 位로 입향하고 물이 甲·庚·丙·壬 位로 출수〔出水=破〕하는 쇠향태류법(衰向胎流法)이 있다.
- 이를 모두 합하면 40향인데 이를 변국향(變局向)이라 한다.

※정국향 48향과 변국향 40향을 합하여 88향이라 한다

【88향 설명도】

❶ 正局向 48향

●아래 向 표시는 88향수법 길향에 대한 향상포태수법 길향임

向	龍	水
正生向	左旋龍	右旋水
自生向	左旋龍	右旋水
正旺向	右旋龍	左旋水
自旺向	右旋龍	左旋水
正養向	左旋龍	右旋水
正墓向	右旋龍	左旋水

88向 / 向上法

水口	(火局) 吉向位	水口	(金局) 吉向位
●辛戌(火)	●乾亥向(絶) 自生向	●癸丑(金)	●艮寅向(絶) 自生向
	•**向**(養破 ➜ 借庫消水)		•**向**(養破 ➜ 借庫消水)
	●艮寅向(生) 正生向		●巽巳向(生) 正生向
	•**向**(葬破 ➜ 正庫消水)		•**向**(葬破 ➜ 正庫消水)
	●丙午向(旺) 正旺向		●庚酉向(旺) 正旺向
	•**向**(葬破 ➜ 正庫消水)		•**向**(葬破 ➜ 正庫消水)
	●庚酉向(死) 自旺向		●壬子向(死) 自旺向
	•**向**(衰破 ➜ 借庫消水)		•**向**(衰破 ➜ 借庫消水)
●乾亥(火)	●癸丑向(養) 正養向	●艮寅(金)	●乙辰向(養) 正養向
	•**向**(病破 ➜ 祿馬貴人)		•**向**(病破 ➜ 祿馬貴人)
	●辛戌向(墓) 正墓向		●癸丑向(墓) 正墓向
	•**向**(絶破 ➜ 救貧黃泉)		•**向**(絶破 ➜ 救貧黃泉)

※向 표시는 向上胞胎法을 말함.

예 辛戌破에 乾亥向은 88向法으로는 絕位自生向에 해당되지만 向上胞胎法으로는 養破借庫消水에 해당되어 吉向吉破가 된다.

水口	(水局) 吉向位	水口	(木局) 吉向位
●乙辰(水)	●巽巳向(絶) 自生向	●丁未(木)	●坤申向(絶) 自生向
	•**向**(養破 ➜ 借庫消水)		•**向**(養破 ➜ 借庫消水)
	●坤申向(生) 正生向		●乾亥向(生) 正生向
	•**向**(葬破 ➜ 正庫消水)		•**向**(葬破 ➜ 正庫消水)
	●壬子向(旺) 正旺向		●甲卯向(旺) 正旺向
	•**向**(葬破 ➜ 正庫消水)		•**向**(葬破 ➜ 正庫消水)
	●甲卯向(死) 自旺向		●丙午向(死) 自旺向
	•**向**(衰破 ➜ 借庫消水)		•**向**(衰破 ➜ 借庫消水)
●巽巳(水)	●丁未向(養) 正養向	●坤申(木)	●辛戌向(養) 正養向
	•**向**(病破 ➜ 祿馬貴人)		•**向**(病破 ➜ 祿馬貴人)
	●乙辰向(墓) 正墓向		●丁未向(墓) 正墓向
	•**向**(絶破 ➜ 救貧黃泉)		•**向**(絶破 ➜ 救貧黃泉)

❷ 變局向 40향

※ 변국향變局向인 甲庚丙壬 水口는 제일 입향이 어려운 水口이다. 변국향 40개향 중에서 다음 욕파浴破에 해당되는 문고소수文庫消水 16개향 외에는 안심하고 쓸 향이 못된다.	向上 浴破(文庫消水) 左旋水 水口(破) 向位	向上 浴破(文庫消水) 右旋水(지지자地支字를 범하면 흉하다) 水口(破) 向位
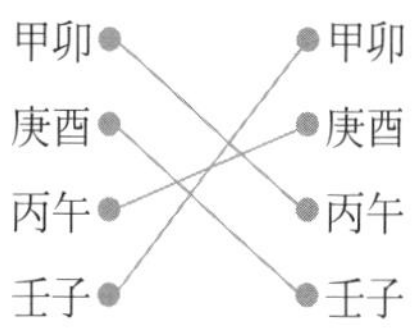	甲卯 乾亥 庚酉 坤申 丙午 艮寅 壬子 巽巳 ● 향상向上으로는 욕파浴破(文庫消水)	甲卯 甲卯 庚酉 庚酉 丙午 丙午 壬子 壬子 ● 향상向上으로는 욕파浴破(沐浴消水)
태향태류胎向胎流 右旋水(당문파) 지지자地支字를 범하면 흉하다. 水口(破) 向位	절향절류絶向絶流 右旋水(당문파) (지지자地支字를 범하면 흉하다) 水口(破) 向位	쇠향태류衰向胎流 左旋水(지지자地支字를 범하면 흉하다) 水口(破) 向位
甲卯 甲卯 庚酉 庚酉 丙午 丙午 壬子 壬子 ● 향상수법向上水法으로는 왕파旺破 (凶).	乾 乾亥 坤 坤申 艮 艮寅 巽 巽巳 ● 향상向上으로는 생파生破로서 凶.	甲卯 乙辰 庚酉 辛戌 丙午 丁未 壬子 癸丑 ● 향상向上 욕파浴破이나 乙辛 丁癸 辰戌丑未향에서는 흉파凶破에 해당된다. ● 산지입향山地立向 불가이기에 조심.

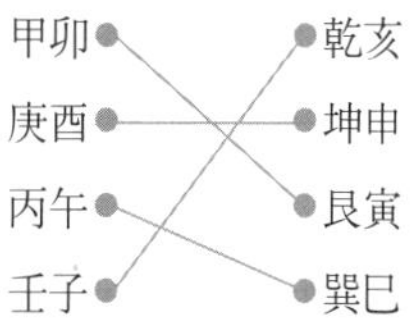

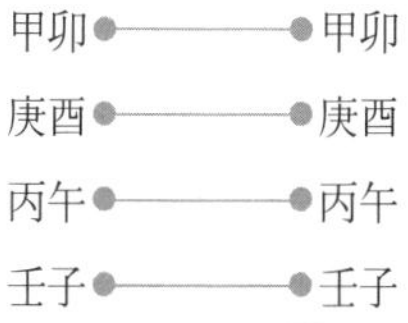

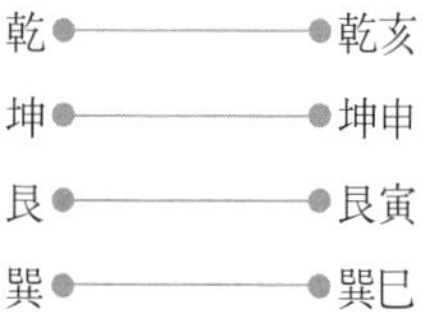

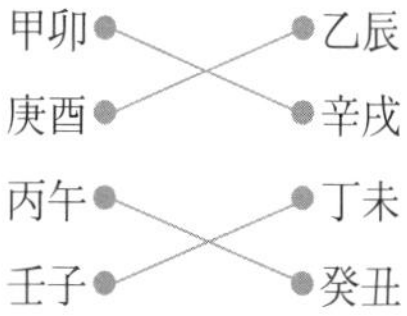

【향과 수구(파)와의 길흉 관계】

좌향	길파와 흉파
辛坐乙向, 戌坐辰向	巽巳파(絶파=救貧黃泉) 丙午파(胎파=吉凶相半) 艮寅파(病파=祿馬貴人파) ※甲卯파(死파=小黃泉파)
乾坐巽向, 亥坐巳向	乙辰파(養파=借庫消水) 癸丑파(葬파=正庫消水) 丙午파(浴파=文庫消水파) 巽파는 當面出殺法(不犯巳字라야)
壬坐丙向, 子坐午向	甲卯파(浴파=沐浴消水) 辛戌파(葬파=正庫消水) 丁未파(衰파=借庫消水파) ※巽巳파(官파=大黃泉파)
癸坐丁向, 丑坐未向	坤申파(絶파=救貧黃泉파) 庚酉파(胎파=吉凶相半) 巽巳파(病파=祿馬貴人파) ※丙午파(死파=小黃泉파)
艮坐坤向, 寅坐申向	丁未파(養파=借庫消水) 乙辰파(葬파=正庫消水) 庚酉파(浴파=文庫消水파) 坤파는 當面出殺法(不犯申字라야)
甲坐庚向, 卯坐酉向	丙午파(浴파=沐浴消水) 癸丑파(葬파=正庫消水) 辛戌파(衰파=借庫消水파) ※坤申파(官파=大黃泉파)
乙坐辛向, 辰坐戌向	乾亥파(絶파=救貧黃泉) 壬子파(胎파=吉凶相半) 坤申파(病파=祿馬貴人파) ※庚酉파(死파=小黃泉파)
巽坐乾向, 巳坐亥向	辛戌파(養파=借庫消水) 丁未파(葬파=正庫消水) 壬子파(浴파=文庫消水파) 乾파는 當面出殺法(不犯亥字라야)
丙坐壬向, 午坐子向	癸丑파(衰파=借庫消水) 乙辰파(葬파=正庫消水) 庚酉파(浴파=沐浴消水파) ※乾亥파(官파=大黃泉파)
丁坐癸向, 未坐丑向	艮寅파(絶파=救貧黃泉파) 甲卯파(胎파=吉凶相半) 乾亥파(病파=祿馬貴人파) ※壬子파(死파=小黃泉파)
坤坐艮向, 申坐寅向	癸丑파(養파=借庫消水) 辛戌파(葬파=正庫消水) 甲卯파(浴파=文庫消水파) 艮파는 當面出殺法(不犯寅字라야)
庚坐甲向, 酉坐卯向	乙辰파(衰파=借庫消水) 丁未파(葬파=正庫消水) 壬子파(浴파=沐浴消水파) ※艮寅파(官파=大黃泉파)

墓파 : 乾亥, 坤申, 艮寅, 巽巳, 甲卯, 庚酉, 丙午, 壬子향에 한해서 正庫消水 吉破이다	
養파 : 乾亥, 坤申, 艮寅, 巽巳향이 借庫消水	衰파 : 甲卯, 庚酉, 丙午, 壬子향만 借庫消水
浴파 : 乾亥, 坤申, 艮寅, 巽巳 甲卯, 庚酉, 丙午, 壬子 향만 文庫消水	病파 : 乙辰, 辛戌, 丁未, 癸丑향만 祿馬貴人파
絶파 : 乙辰, 辛戌, 丁未, 癸丑향만 救貧黃泉	死파 : 乙辰, 辛戌, 丁未, 癸丑향만 小黃泉파
胎파 : 乙辰, 辛戌, 丁未, 癸丑향만 吉凶相半	官파 : 甲庚丙壬향은 특히 大黃泉殺 大凶

向上胞胎四局		
	木국:乾甲丁亥卯未향	金국:巽庚癸巳酉丑향
	火국:艮丙辛寅午戌향	水국:坤壬乙申子辰향

② 88향 수구水口별 길흉화복론

水口	坐向	吉凶	(合法)左右旋龍水	破	正變局向	吉凶論
辛戌破	壬坐 丙向 子坐 午向	◎	右旋龍 左旋水	墓	正旺向	丙午향에 辛戌파는 吉向 吉水. 富貴 旺丁에 자손마다 고루 發福한다.
	癸坐 丁向 丑坐 未向	△		衰	不立 衰向	재물과 자손이 별로 성하지 않으나 大凶은 없다.
	艮坐 坤向 寅坐 申向	×		冠帶	不立 病向	向上으로는 冠帶破로서 丁財 兩敗가 우려되고 특히 영특한 어린 자녀가 傷한다.
	甲坐 庚向 卯坐 酉向	◎	右旋龍 左旋水	衰	自旺向	남자는 총명하고 여자는 수려하며 富·貴가 함께 發福하나 右旋水가되면 大凶한다.
	乙坐 辛向 辰坐 戌向	△	右旋龍 左旋水	堂門		戌坐를 범하지 않고 辛字上으로 流去하면 큰 부자나 귀인이 나지만 右旋水의 경우는 자손이 傷하고 재산을 잃음.
	巽坐 乾向 巳坐 亥向	◎	左旋龍 右旋水	絶處 逢生	自生向	龍과 穴이 참하면 부귀 장수에 자손이 크게 번성하고 發福이 오래 지속된다.
	丙坐 壬向 午坐 子向	×		冠帶	不立 胎向	장생수법에서도 大黃泉殺로 龍穴이 부실하면 가업이 망하고 자손이 끊긴다.
	丁坐 癸向 未坐 丑向	△		衰		자손이나 재물이 부진하나 大凶하지 않고 평안, 장수, 무해지지無害之地이다.
	坤坐 艮向 申坐 寅向	◎	左旋龍 右旋水	墓	正生向	부귀가 쌍전雙全하며 자손이 크게 성하고 오복이 가득하며 백세영화가 기약된다.
	庚坐 甲向 酉坐 卯向	×		養	不立 浴向	龍穴마저 부실하면 어렵고 음탕한 자손 때문에 敗家 絶孫한다.
	辛坐 乙向 戌坐 辰向	×		冠帶	不立 冠帶	龍穴마저 부실하면 秀才가 일찍 죽는다.
	乾坐 巽向 亥坐 巳向	×		衰	不立 臨官	龍穴까지 부실하면 人丁이나 재물이 함께 不旺하고 관로 패망한다.

水口	坐向	吉凶	(合法)左右旋龍水	破	正變局向	吉凶論
乾亥破	壬坐 丙向 子坐 午向	△		絶	過宮水	乙辛丁癸 辰戌丑未에 한해서 絶破가 救貧黃泉破(吉破)이고 기타 향에는 絶破면 凶함. 龍穴이 眞이면 늦게 高壽萬貴가 기약되기도 한다.
	癸坐 丁向 丑坐 未向	×		生		날로 丁財가 쇠퇴하여 심하면 絶孫까지 우려되니 이런 향은 취하지 않는 것이 좋다.
	艮坐 坤向 寅坐 申向	×		臨官		凶破. 학업을 마친 成才之子가 傷하고 단명하며 재산이 줄고 가난해진다.
	甲坐 庚向 卯坐 酉向	×		病		乙辛丁癸향이 아니므로 凶破. 가정에 질병이 많아 단명하고 과부가 5~6명 난다.
	乙坐 辛向 辰坐 戌向	◎	右旋龍 左旋水	救貧黃泉	正墓向	吉向 吉水. 부귀가 쌍전雙全하며 人丁이 크게 성하고 壽福이 함께 한다.
	巽坐 乾向 巳坐 亥向	◎	左旋龍 右旋水	堂門	絶向絶流	不犯 亥方이면 絶向絶流 대부대귀한다. 亥字를 범하면 凶하다. 조심해야 된다.
	丙坐 壬向 午坐 子向	×		臨官	大黃泉破	殺人, 大黃泉破이므로 가정에 병이 많아 敗絶하고 家財가 궁하고 관재구설에 백사가 혼란하며 二房이 先敗한다.
	丁坐 癸向 未坐 丑向	◎	左旋龍 右旋水	病	正養向	向上 祿馬 貴人破로 丁財가 왕성하고 공명이 높고 남녀 壽高에 發福이 영원하며 특히 三房에 竝發女秀라 한다.
	坤坐 艮向 申坐 寅向	×		絶	過宮水	초년에는 壽高하나 오래되면 빈곤하고 공명이 불리하다.
	庚坐 甲向 酉坐 卯向	×		生	旺去沖生	凶破. 재산은 있어도 자손이 없고 큰 집이 먼저 실패한다.
	辛坐 乙向 戌坐 辰向	×		臨官		凶破. 어린 아이를 기르기 어렵고 남녀가 단명요망하고 家財가 퇴패에 絶孫마저 염려된다. 큰 집이 먼저 실패한다.
	乾坐 巽向 亥坐 巳向	×		病	交如不及	龍穴이 부실하면 병이 많아 단명하며 가난하다. 그러나 실질적으로 乾亥破에 乾亥坐는 산지 穴에서는 있을 수 없는 凶破이다.

水口	坐向	吉凶	(合法)左右旋龍水	破	正變局向	吉凶論
壬子破	壬坐 丙向 子坐 午向	×		胎	過宮水	龍穴부실이면 낙태상인落胎傷人에 무자無子가 우려된다.
	癸坐 丁向 丑坐 未向	◎	右旋龍 左旋水	浴	衰向 胎流	平野地는 가능하나 山地에서는 입향이 불능하다.
	艮坐 坤向 寅坐 申向	×		旺	生來 破旺	凶破. 초년에는 자손들이 약간 번창하나 오래 가면 재산도 없어지고 絶孫한다.
	甲坐 庚向 卯坐 酉向	×		死		凶破인 短命水이다. 龍穴 부실하면 재산도 없어지고 단명에 과부가 많음이 우려된다.
	乙坐 辛向 辰坐 戌向	×		胎	過宮水	人丁 부귀가 간혹 나기도 하고 불발하기도 한다. 길흉이 반반하나 단명하기도 하고 絶孫하니 삼가야 한다.
	巽坐 乾向 巳坐 亥向	◎	右旋龍 左旋水	浴	文庫 消水	龍穴이 확실하면 부귀가 나고 壽福을 고루 갖춘다.
	丙坐 壬向 午坐 子向	◎	左旋龍 右旋水	堂門	胎向 胎流	龍眞穴的이면 대부대귀에 人丁이 흥왕한다. 不犯 地支字해야 한다.
	丁坐 癸向 未坐 丑向	×		死	小黃 泉破	小黃泉破 龍穴不實하고 小黃泉破가 되면 재산이 없어 가난하고 질병이 많아 단명하고 房房乏嗣(絶孫)한다.
	坤坐 艮向 申坐 寅向	×		胎		凶破. 초년에는 간혹 자손이 흥하고 재산도 많고 장수하기도 하나 오래되면 落胎에 사람이 傷하고 敗産貧困이 우려된다.
	庚坐 甲向 酉坐 卯向	◎	左旋龍 右旋水	浴	沐浴 消水	龍眞穴的이면 부귀가 쌍전하고 자손이 흥한다. 그러나 地支字方을 범하면 재앙이 적지 않다. 입향에 조심하라.
	辛坐 乙向 戌坐 辰向	×		旺		凶破. 龍穴이 불실하면 자손은 있어도 집이 빈곤하고 패가망신한다.
	乾坐 巽向 亥坐 巳向	×		死		龍穴이 부실하면 단명하고 敗産한다.

水口	坐向	吉凶	(合法)左右旋龍水	破	正變局向	吉凶論
癸丑破	壬坐 丙向 子坐 午向	×		養	不立 浴向	주로 敗家 絶孫이 우려된다.
	癸坐 丁向 丑坐 未向	×		冠帶	不立 冠帶	龍穴이 부실하면 夭亡 敗絶(젊어서 빨리 죽어 절손패망)에 집이 가난하다.
	艮坐 坤向 寅坐 申向	×		衰	不立 臨官	자손과 재물이 없어지고 크게 실패하지 않으면 孫이 끊어진다.
	甲坐 庚向 卯坐 酉向	◎	右旋龍 左旋水	墓	正旺向	墓破의 吉向吉水 龍穴이 적실하면 거부 귀인이 나며 忠孝賢良하고 남녀가 다 같이 장수하며 房房이 균일하게 發福한다.
	乙坐 辛向 辰坐 戌向	△		養	不立 衰向	비록 자손과 재물은 성하지 않으나 큰 피해는 없다. 장생법으로는 戌向으로 하면 吉하다.
	巽坐 乾向 巳坐 亥向	×		冠帶	不立 病向	凶破. 龍穴이 부실하면 丁財가 다 敗하고 총명한 수재가 早死한다.
	丙坐 壬向 午坐 子向	◎	右旋龍 左旋水	衰	自旺向	化死爲旺인 自旺向(死가 旺으로 변한다는 뜻) 차고소수파. 부자나 귀인이 나며 자손이 크게 번창한다.
	丁坐 癸向 未坐 丑向	△		堂門	墓向 墓流	左旋水가 丑方을 범하지 않고 癸方上으로 流去하면 대부대귀한다. 그러나 龍穴에 약간의 차만 있어도 速敗한다.
	坤坐 艮向 申坐 寅向	◎	左旋龍 右旋水	養	自生向	絶處逢生向(絶位立向) 借庫消水로 吉向吉水 주로 부귀 장수에 자손이 성하고 發福이 오래 간다. 長孫先 發福.
	庚坐 甲向 酉坐 卯向	×		冠帶	不立 胎向	龍穴이 부실하면 아들이 일찍 죽고 가산이 크게 敗하며 결국 絶孫한다.
	辛坐 乙向 戌坐 辰向	△		衰	向上 衰破	자손은 있으나 부귀는 없으며 오래가면 사람도 재산도 부진하여 길흉이 반반이다. 장생법으로 乙向은 吉破로 좋다.
	乾坐 巽向 亥坐 巳向	◎	左旋龍 右旋水	墓	自生向	正庫消水破로 吉向吉水다. 효자에 오복이 臨門하며 賢妻와 효자가 나고 부귀가 집집마다 고루 발복한다.

水口	坐向	吉凶	(合法)左右旋龍水	破	正變局向	吉凶論
艮寅破	壬坐 丙向 子坐 午向	×		生	不立浴向	어린 아이를 기르기 어렵고 재산은 있되 마침내 絶孫된다. 장손부터 피해를 보고 차례로 다른 자손까지 미친다.
	癸坐 丁向 丑坐 未向	×		臨官	不立冠帶	沖波臨官破로 凶破이며 어린 아이를 기르기 어렵고 남녀가 빨리 죽고 재산을 탕진한다. 先長孫 後次孫 失敗.
	艮坐 坤向 寅坐 申向	×		病	交如不及	龍穴마저 부실하면 丁財 不發에 병이 많아 敗絶한다.
	甲坐 庚向 卯坐 酉向	△		絶	過宮水	四庫藏에서만 救貧黃泉破 별로 발전이 없고 자손은 있어도 재물이 없어 길흉이 반반이다.
	乙坐 辛向 辰坐 戌向	×		生		자손과 재산이 쇠퇴하고 絶孫 염려도 있다.
	巽坐 乾向 巳坐 亥向	×		臨官		龍穴이 부실하면 젊은 아들이 죽고 絶孫이 될 수도 있다.
	丙坐 壬向 午坐 子向	×		病		病破 凶水. 龍穴이 부실하면 남녀가 단명하고 과부가 많이 생기고 재산이 없어지고 차손부터 먼저 망한다.
	丁坐 癸向 未坐 丑向	◎	右旋龍 左旋水	絶	正墓向	救貧黃泉破로 吉向 吉水다. 丑向을 쓰면 총명한 수재가 과거에 급제하고 문장 명필이 繼續해서 連出한다.
	坤坐 艮向 申坐 寅向	◎	左旋龍 右旋水	堂門	絕向絕流	絶向絶流 當面出殺로 吉向 吉水다. 寅方을 범하지 않으면 큰 부귀가 기약된다. 左旋水가 되면 大凶殺이 된다.
	庚坐 甲向 酉坐 卯向	×		臨官	大黃泉破	臨官破는 大黃泉殺. 成才된 아들이 죽고 家患이 끊이지 않으며 絶孫된다.
	辛坐 乙向 戌坐 辰向	◎	左旋龍 右旋水	病	正養向	正養向은 貴人祿馬向으로 자손과 재산이 크게 성하고 공명이 높고 자손들이 다 같이 발복하고 오래 지속된다. 乙向이 좋다.
	乾坐 巽向 亥坐 巳向	△		絶	過宮水	부귀는 나지 않아도 의식주의 지장은 없다. 오래갈수록 불리하다.

水口	坐向	吉凶	(合法)左右旋龍水	破	正變局向	吉凶論
甲卯破	壬坐 丙向 子坐 午向	◎	左旋龍 右旋水	浴	沐浴 消水	沐浴消水로 부자가 나고 자손 번창이 기약된다. 그러나 卯를 범하지 않아야 한다.
	癸坐 丁向 丑坐 未向	×		旺	沖波 旺位	凶破. 초년에는 간혹 자손이 성하나 가난하며 오래가면 絶孫하고 재산도 없어진다.
	艮坐 坤向 寅坐 申向	×		死	交如 不及	龍穴이 부실하면 자손과 재산이 성하지 못하며 단명과 敗絶이 우려된다.
	甲坐 庚向 卯坐 酉向	×		胎		龍穴마저 부실하면 落胎로 사람이 상하고 초년에는 자손이 성한 듯하나 오래 되면 敗家한다.
	乙坐 辛向 辰坐 戌向	◎	右旋龍 左旋水	浴	衰向 胎流	卯字를 범하지 않으면 衰向胎流의 吉向 吉水이다. 큰 부자나 귀인이 나고 壽福이 함께 하나 平野地는 입향이 가능하다.
	巽坐 乾向 巳坐 亥向	×		旺		凶破로 오래 가면 집안이 敗產되고 실패한다. 절손될까 우려된다.
	丙坐 壬向 午坐 子向	×		死	交如 不及	交如不及으로 자손이 단명하고 빈곤하며 어린 과부가 많다. 특히 先傷 二門이라 한다.
	丁坐 癸向 未坐 丑向	△		胎	沖波 胎神	간혹 부귀도 있으나 불발하기도 하는 無害之地 정도에 속한다.
	坤坐 艮向 申坐 寅向	◎	右旋龍 左旋水	浴	文庫 消水	부귀와 壽福이 함께 하며 문인이 많이 나오며 文名四海가 기약된다.
	庚坐 甲向 酉坐 卯向	◎	左旋龍 右旋水	堂門	胎向 胎流	當面出殺法으로 吉向 吉水이다. 대부대귀에 자손이 번창한다. 卯字를 범하면 敗絶하니 정혈에 조심하라.
	辛坐 乙向 戌坐 辰向	×		死	小黃 泉破	小黃泉破로 빈궁하고 젊어서 죽는 사람이 많아 과부가 많다. 또 惡漢이 나올 수 있다.
	乾坐 巽向 亥坐 巳向	×		胎	沖波 胎神	초년에는 간혹 丁財가 兩發하나 오래되면 絶孫과 가난을 면치 못한다.

水口	坐向	吉凶	(合法)左右旋龍水	破	正變局向	吉凶論
乙辰破	壬坐 丙向 子坐 午向	×		冠帶	不立 胎向	주로 총명한 아들이 상하고 재산이 退敗하고 마침내는 絶孫이 우려된다.
	癸坐 丁向 丑坐 未向	△		衰		초년에는 자손이 있으나 부귀는 없으며 크게 흉한 일도 없다.
	艮坐 坤向 寅坐 申向	◎	左旋龍 右旋水	葬	正生向	正庫消水로 吉向 吉水. 부귀를 함께 갖추고 자손이 번창함과 현처 효자가 나며 집안에 오복이 가득하다.
	甲坐 庚向 卯坐 酉向	×		養	不立 沐浴向	凶破로 어린 아이를 기르기 어렵고 재산이 망하고 絶孫之地이다.
	乙坐 辛向 辰坐 戌向	×		冠帶	不立 冠帶	丁財 不發에 자손이 단명하여 絶孫이 우려된다.
	巽坐 乾向 巳坐 亥向	×		衰	不立 臨官	십개퇴신여귀령十個退神如鬼靈의 향으로 재산도 실패하고 絶孫 염려도 있다.
	丙坐 壬向 午坐 子向	◎	右旋龍 左旋水	墓	正旺向	크게 부귀를 겸하여 현처와 효자를 낳으며 남자는 총명하고 여자는 수려하다. 집집마다 발복, 자자손손 부귀가 쌍전함.
	丁坐 癸向 未坐 丑向	×		養	不立 衰向	초년에는 이로우나 점차 재산을 지키지 못하게 된다.
	坤坐 艮向 申坐 寅向	×		冠帶	不立 病向	凶破. 총명한 아들이 어려서 상하고 長病者가 많이 나오며 정절을 지키는 여자도 나온다.
	庚坐 甲向 酉坐 卯向	◎	右旋龍 左旋水	衰	自旺向	借庫消水. 부귀를 겸하며 자손들이 장수하며 발복장구한다. 艮寅方 水來朝면 7세 신동이 배출되는 귀격이다.
	辛坐 乙向 戌坐 辰向	◎	右旋龍 左旋水	堂門	墓向 墓流	辰字를 범하지 않고 乙字 위로 흘러가면 큰 부자가 기약된다. 이법 역시 약간의 차만 있어도 絶敗한다. 右旋水가 乙字 위로 오면 大黃泉殺이다.
	乾坐 巽向 亥坐 巳向	◎	左旋龍 右旋水	養	自生向	借庫消水. 부귀가 나며 자손이 고루 장수하고 자손과 재물이 크게 성하니 차손이 먼저 發한다.

水口	坐向	吉凶	(合法)左右旋龍水	破	正變局向	吉凶論
巽巳破	壬坐 丙向 子坐 午向	×		臨官	大黃泉破	黃泉破로서 학업을 이룬 아들이 상하고 난치병인 長病者가 많으며 先傷二房에 次及他方에 미친다.
	癸坐 丁向 丑坐 未向	◎	左旋龍 右旋水	病	正養向	貴人祿馬破. 자손과 재물이 兩旺하고 공명이 높고 忠孝賢良에 장수가 기약된다. 집집이 발복하고 여자까지 竝發하니 최고의 吉向이다.
	艮坐 坤向 寅坐 申向	△		絶		凶破. 초년에는 有丁 有壽하나 오래갈수록 빈곤이 우려된다. 龍穴만 확실하면 늦게 귀를 얻고 장수하는 경우도 있다.
	甲坐 庚向 卯坐 酉向	×		生		凶破. 재물은 있으나 자손이 없고 龍穴마저 부실하면 絶孫하고 장자가 먼저 敗한다.
	乙坐 辛向 辰坐 戌向	×		臨官	不立帶向	凶向으로 자손을 기르기 어렵고 가난하며 絶孫하기 쉽고 장손이 먼저 敗한다.
	巽坐 乾向 巳坐 亥向	×		病	交如不及	交如不及이다. 질병에 의해 단명하고 絶孫 우려가 있어 정혈하지 않는 것이 좋다.
	丙坐 壬向 午坐 子向	×		絶		凶破. 초년에는 약간 활발하나 좀 지나면 실패 한다. 晩得으로 약간 회복하는 경우도 있다.
	丁坐 癸向 未坐 丑向	×		生		재산이 쇠해지고 絶孫될까 우려된다.
	坤坐 艮向 申坐 寅向	×		臨官		成才之子가 상하고 단명하여 絶孫되기 쉽다.
	庚坐 甲向 酉坐 卯向	×		病		凶破. 乙辛 丁癸향에서만 祿馬貴人破이고 기타 는 흉파다. 短命 寡宿水로 남자는 단명하고 과 부가 많이 나오며 絶孫된다. 三房이 더 심하다.
	辛坐 乙向 戌坐 辰向	◎	右旋龍 左旋水	絶	正墓向	向上 救貧黃泉破 吉向 吉水. 자손이 크게 성하고 壽福이 겸전하며 福祿이 長遠한다.
	乾坐 巽向 亥坐 巳向	◎	左旋龍 右旋水	絶	絕向 絕流	큰 부자나 귀인이 나고 자손과 재산이 크게 성하며 남녀가 장수한다. 左旋水면 墓絶沖生大殺로 大凶하다.

水口	坐向	吉凶	(合法)左右旋龍水	破	正變局向	吉凶論
丙午破	壬坐 丙向 子坐 午向	◎	左旋龍 右旋水	堂門	胎向 胎流	午字를 범하지 않으면 當面出殺法으로 큰 부자나 귀인이 나며 자손이 홍왕하나 남자는 단명하고 젊은 과부가 우려됨(左旋水면 凶).
	癸坐 丁向 丑坐 未向	×		死	小黃 泉破	小黃泉破. 窮乏夭亡(가난하고 젊어서 죽음)이 우려됨. 未字方에 참암(뾰족한 바위)이 있으면 횡폭한 사람이 나온다.
	艮坐 坤向 寅坐 申向	×		胎	沖破 胎神	초년에는 재물도 있고 장수도 하나 해가 지나면 落胎하거나 사람이 크게 상하고 가난하며 絶孫이 우려된다.
	甲坐 庚向 卯坐 酉向	◎	左旋龍 右旋水	浴	沐浴 消水	沐浴消水破로 吉向 吉水. 자손이 성하고 부귀를 이루나 午方을 약간이라도 범하면 자손이 음탕하고 絶孫도 우려된다.
	乙坐 辛向 辰坐 戌向	×		旺	沖破 旺位	초년에는 자손이 있으나 가난하고 오래되면 재산이 없어져 집안이 망하고 젊어서 죽음을 맞게 되어 절손 위험이 있다.
	巽坐 乾向 巳坐 亥向	×		死	不立 官向	음양교합이 되지 못하므로 병이 많아 단명하고 시간이 지나면 빈궁 절손이 우려된다.
	丙坐 壬向 午坐 子向	×		胎	沖破 胎神	초년에는 자손도 재물도 심하게 나쁘지 않지만 오래가면 落胎하고 자손이 상한다.
	丁坐 癸向 未坐 丑向	◎	右旋龍 左旋水	浴	衰向 胎流	쇠향태류법에 해당되는 吉向 吉水다. 큰 부자나 귀인이 나며 壽福이 기약되나 물이 午方을 범하면 흉파로 주의를 요함(산지 입향 불가).
	坤坐 艮向 申坐 寅向	×		旺		자손은 있으나 가난하다. 또 絶孫마저 위태롭다.
	庚坐 甲向 酉坐 卯向	×		死		短命水의 凶破. 남자가 젊어서 죽음을 맞게 되어 과부가 많으며 絶孫되고 三房이 먼저 敗한다.
	辛坐 乙向 戌坐 辰向	△		胎	過宮水	간혹 부자가 되기도 하고 자손이 성하고 壽高하기도 하나 때로는 빈곤과 요절하기도 하는 길흉이 반반이다.
	乾坐 巽向 亥坐 巳向	◎	右旋龍 左旋水	浴	文庫 消水	부자와 귀인이 나며 壽福이 겸전한다. 그러나 조금만 차이가 있어도 禍가 따르니 조심하라.

水口	坐向	吉凶	(合法)左右旋龍水	破	正變局向	吉凶論
丁未破	壬坐 丙向 子坐 午向	◎	右旋龍 左旋水	衰	自旺向	借庫消水破로 吉向 吉水다. 부자와 귀인이 나고 자손이 번성한다.
	癸坐 丁向 丑坐 未向	×		墓	墓向 墓流	墓向으로 人傷 丁敗가 심하다. 절손, 패가가 우려된다. 未方을 범하지 않고 丁方上으로 流去 보이지 않게 直去하면 대부대귀하다.
	艮坐 坤向 寅坐 申向	◎	左旋龍 右旋水	養	自生向	絶處逢生에 借庫消水破로 吉向 吉水. 부귀 장수에 자손이 대왕하고 小房이 먼저 발복하고 大房 中房까지 발복한다.
	甲坐 庚向 卯坐 酉向	×		冠帶	不立 胎向	凶破로 龍穴마저 부실하면 총명한 아들이 상하게 되며 敗家한 후 오래 가면 絶孫한다.
	乙坐 辛向 辰坐 戌向	×		衰		초년에는 자손들과 포식이 가능하나 오래 가면 絶孫에 빈궁해진다.
	巽坐 乾向 巳坐 亥向	◎	左旋龍 右旋水	墓	正生向	正庫消水破로 吉向 吉水이다. 부자와 귀인이 함께 나고 현처와 효자가 기약되며 오복이 집집마다 깃든다.
	丙坐 壬向 午坐 子向	×		養	不立 沐浴	凶破(乾坤艮巽향이 아니므로 借庫消水가 못된다) 아이를 기르기 어렵고 재산이 없어지고 絶孫이 우려된다.
	丁坐 癸向 未坐 丑向	×		冠帶	不立 冠帶	凶破. 소년이 상하고 모든 일이 실패하고 가난하며 마침내 絶孫된다.
	坤坐 艮向 申坐 寅向	×		衰	不立 臨官	家產이 없어지거나 아니면 絶孫된다. 甲庚丙壬향(地支 포함)에 한해서 쇠파가 借庫消水破로 吉.
	庚坐 甲向 酉坐 卯向	◎	右旋龍 左旋水	墓	正旺向	正庫消水破 吉向 吉水. 큰 부자와 귀인이 나고 남녀가 다 장수하며 자손이 번창하고 집집마다 발복한다.
	辛坐 乙向 戌坐 辰向	△		養	不立 衰向	자손과 재산이 다 같이 불리하나 크게 흉한 일은 없다.
	乾坐 巽向 亥坐 巳向	×		冠帶	不立 病向	凶破(乾坤艮巽향에 한해서 養破가 借庫消水破로 吉). 병이 많고 가난하며 총명한 자손이 상하고 오랜 뒤에는 絶孫되기 쉽다.

水口	坐向	吉凶	(合法)左右旋龍水	破	正變局向	吉凶論
坤申破	壬坐 丙向 子坐 午向	×		病	不立死向	凶破(乙辛丁癸향에 한해서 病破가 祿馬貴人破로 吉). 남자가 단명하고 과부가 여러 명이 난다.
	癸坐 丁向 丑坐 未向	◎	右旋龍 左旋水	絶	正墓向	正墓向에 正庫消水破로 吉. 부자와 귀인이 나며 자손이 많아 壽福 雙全이 기약된다.
	艮坐 坤向 寅坐 申向	◎	左旋龍 右旋水	生	絕向絕流	申字를 범하지 않고 坤方上이면 대부대귀에 자손이 흥왕한다. 만약 장대한 左水가 到右하여 申上이면 大凶.
	甲坐 庚向 卯坐 酉向	×		臨官	大黃泉破	大黃泉殺로 成才之子가 喪하게 되고 재산이 없어지고 多病多疾이 우려되며 二房부터 상하고 다른 자손에 미친다.
	乙坐 辛向 辰坐 戌向	◎	左旋龍 右旋水	病	正養向	자손과 재산이 크게 성하고 공명이 높고 남녀가 다 장수하며 충효 자녀가 탄생하며 房房마다 고루 발복한다.
	巽坐 乾向 巳坐 亥向	△		絶		초년에는 불발, 부귀이나 말년에 약간의 귀가 기약된다.
	丙坐 壬向 午坐 子向	×		生		凶破. 재산은 있으나 어린아이를 기르기 힘들고 마침내는 乏嗣(대를 잇지 못함)가 우려된다.
	丁坐 癸向 未坐 丑向	×		臨官		凶破. 자녀를 기르기 어렵고 남녀가 일찍 세상을 떠나고 가산이 패망하여 빈궁하고 絶孫하며 장손이 먼저 실패한다.
	坤坐 艮向 申坐 寅向	×		病		龍穴이 부실하면 질병으로 早死한다. 산지에서는 입향할 수 없다.
	庚坐 甲向 酉坐 卯向	×		絶		貴와 財가 전무하고 공명이 불리하나 크게 흉한 일은 별로 없다 해도 취할 곳은 못된다.
	辛坐 乙向 戌坐 辰向	×		生	不立衰向	大凶破. 가난하고 자손도 성하지 못해 심하면 絶孫이 우려된다.
	乾坐 巽向 亥坐 巳向	×		臨官	不立病向	成才된 아들이 상하고 젊어서 죽어 대를 잇지 못하고 빈곤하고 戰傷客死하여 絶孫되기 쉽다.

水口	坐向	吉凶	(合法)左右旋龍水	破	正變局向	吉凶論
庚酉破	壬坐 丙向 子坐 午向	×		死	不立死向	交如不及에 短命 寡宿水이다. 향은 願回天壽之壽라 하여 비록 어려서 학문과 공명이 높았다 하나 단명하여 빨리 패망한다.
	癸坐 丁向 丑坐 未向	△		胎		胎破는 길흉이 반반이다. 간혹 有丁 發貴하나 재산이 없고 자손이 상하며 오래 가면 자손은 있어도 가난할까 우려된다.
	艮坐 坤向 寅坐 申向	◎	右旋龍 左旋水	浴	文庫消水	文庫消水破는 吉向 吉水. 비록 부와 귀를 겸할 수 있어도 약간의 차만 있어도 패망하니 입향에 조심해야 한다.
	甲坐 庚向 卯坐 酉向	◎	左旋龍 右旋水	堂門	胎向胎流	胎向胎流. 대부대귀에 자손이 홍왕한다. 酉字를 범하지 않고 庚方으로만 去해야 한다. 태향태류는 자칫하면 가장 흉한 것이다.
	乙坐 辛向 辰坐 戌向	×		死	小黃泉破	小黃泉破로 窮乏하고 夭亡(早死)하니 과부가 생긴다. 戌方에 참암이 보이면 악한이 간혹 태어나 가문을 훼손한다.
	巽坐 乾向 巳坐 亥向	×		胎	沖破胎神	초년에는 간혹 자손과 재산이 홍할 때도 있으나 오래되면 絶孫하거나 가난이 우려된다.
	丙坐 壬向 午坐 子向	◎	左旋龍 右旋水	浴	沐浴消水	부귀 쌍전에 자손이 크게 번창한다. 不犯酉字를 범하지 않고 庚方上으로만 물이 나가야 한다. 酉字를 범하면 大凶이니 특별히 주의해야 한다.
	丁坐 癸向 未坐 丑向	×		旺	沖破旺位	초년에는 자손이 있고 재산이 없어도 장수하나 오래 가면 단명하며 절손하고 재산도 없어져 가난하다.
	坤坐 艮向 申坐 寅向	×		死		단명하며 재산이 없어 가난을 면치 못한다. 交如不及(辛戌이면 墓破인 正庫消水가 되어 吉破인데 庚酉에 미치지 못했다)의 뜻.
	庚坐 甲向 酉坐 卯向	×		胎	沖破胎神	沖破胎神은 초년에 간혹 자손과 재물은 있으나 주로 落胎로 사람이 상하니 敗家가 우려된다. 셋째집이 더 심하다.
	辛坐 乙向 戌坐 辰向	◎	右旋龍 左旋水	浴	衰向胎流	부자와 귀인이 나며 壽福이 쌍전한다. 平洋 發福에 山地 敗絶이라 하여 평지는 좋으나 산지는 입향이 불가하다.
	乾坐 巽向 亥坐 巳向	×		旺	生來破旺	초년에는 성한 것 같아도 곧 가난해 결국 패가망신한다. 庚破에 대한 巽巳향은 不立病向의 凶破이다.

제6장 수구水口와 득수得水를 보는 11가지 방법

봉침(縫針)으로 보는 각종 수법(水法)에 대해서는 〈수세편〉에서 각 수법을 비교 검증하고 그 결과에 대해서 자세히 설명하였으나 우선 경험이 적은 후학자들이 가장 어려움을 느끼는 것이 득수와 수구를 어느 기준으로 정확히 확인하느냐의 문제이기 때문에 가장 보편적인 11가지 예를 들어 설명하기로 한다.

【 陽水口의 경우 】

❶ 청룡과 백호가 다 같이 혈을 감싸주면서 청룡이 백호보다 장대(長大)하여 청룡이 백호 끝을 감싸주는 경우를 양수구(陽水口)라 한다.

외당수는 있어도 보이지 않는 경우, 청룡 끝 합금지처(合襟之處)가 내수구가 된다. 이때 외당수는 청룡·백호보다 길기 때문에 당연히 우선수가 되어야 합법이다.

그리고 외당수는 혈에서는 보이지 않아도 이를 암공수(暗拱水)라 하며 유익한 것이다. 이런 경우 득수는 내당수 중에서 과당수(過堂水)의 선견지처(先見之處)를 득으로 본다.

❷ 음수구(陰水口)의 경우는 양수구와는 반대로 백호가 청룡보다 장대하여 백호가 청룡 끝을 감아주는 경우를 말한다. 이때 수구는 백호 끝 합금지처(合襟之處)가 내수구가 된다. 이때 외당수는 백호가 청룡보다 장대하기 때문에 좌선수라야 합법이며 외당수는 보이지 않아도 암공수라 하여 혈에 유익한 수(水)가 된다. 득수는 ❶에서와 같다.

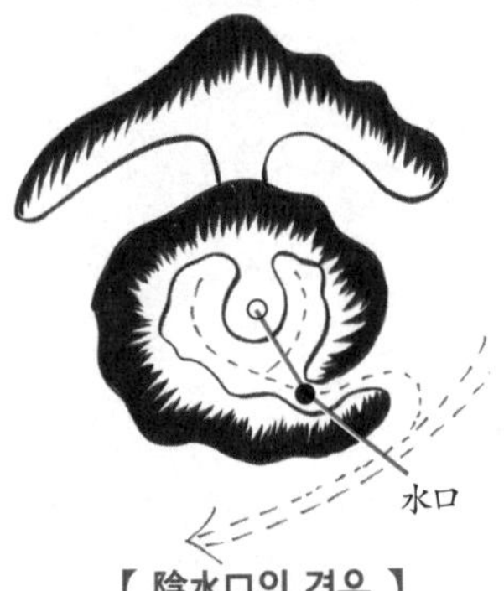

【 陰水口의 경우 】

❸ 음양합수구(陰陽合水口)의 경우는 다음 그림과 같이 청룡과 백호가 비슷한 길이에 혈을 감싸주지 못하고 앞을 벌려 놓고 있는 형태를 말한다. 이때 극히 미량이거나 비가 올 때만 건수(乾水)가 흐르는 내당수보다는 앞에 흐르고 있는 외당수에서 수구를 찾는다. 이때 우선수의 경우는

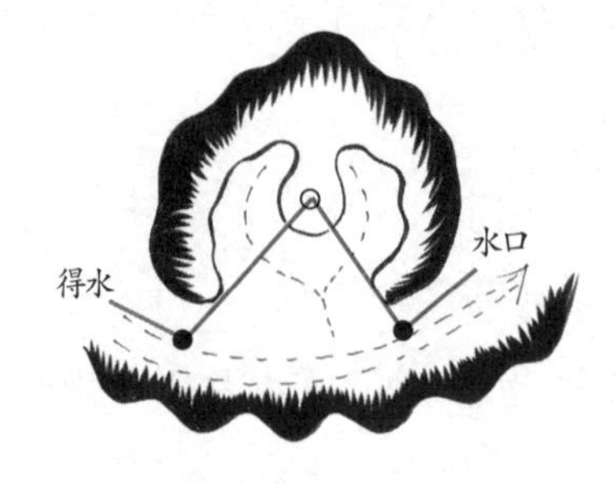

【 陰陽合水口 右旋水의 경우 】

【 陰陽合水口 左旋水의 경우 】

그림처럼 청룡 끝의 연장선과 합금지처가 수구가 된다.

좌선수의 경우는 그와 반대다. 이때 청룡·백호 끝과 안산의 거리가 멀어서 합금지처를 확정하기가 어려울 때도 있다. 때문에 많은 경험과 명묘(名墓)의 답산을 통한 개안(開眼)이 절대적으로 필요한 것임을 깨달아야 한다.

❹ 혈 앞에 저수지가 있는 경우

㉠ 저수지가 높아 혈에서 아래의 들(田, 畓)바닥이 보이지 않을 때는 저수지의 무넘기가 수구가 된다.

㉡ 혈이 저수지에 비해 높아서 저수지 밑으로 들이 잘 보이고 물이 흘러가는 수로가 잘 보 이는 정도라면 청룡 또는 백호 끝과 안산과의 합금지처가 수구가 된다.

❺ 혈 앞에 물은 없고 평야(밭, 논)만 있을 경우 좌·우선의 확인도 어려운 경우가 있다. 물론 평소에 흐르는 물은 없기 때문에 비가 내릴 때 건수가 흘러 나가는 곳을 수구로 보면 된다.

❻ 내당수는 평소에는 흐르지 않고 비가 올 때만 건수가 흐르는 상태

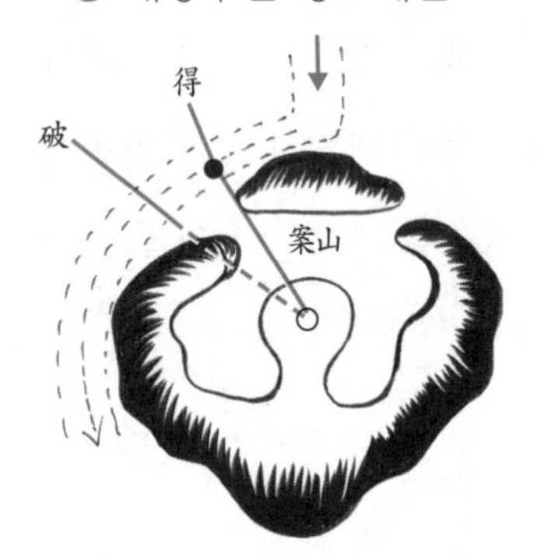

에서 외당수는 크게 흐르며 앞에서는 직사수(直射水)로 들어온 것 같으나 혈 앞에 안산인 길사(吉砂)가 버티고 있어 직래(直來)함이 보이지 않기 때문에 길(吉)한 것이다. 이때 수구는 청룡 끝과 길사와의 사이, 합금지처를 수구로 본다. 이런 경우 득과 파의 거리가 너무 가까워 같은 쌍산(雙山) 30도 내에 해당되는 경우는 불길하니 내당수 중 과당수의 선견지처를 득으로 본다.

❼ **수구를 확인할 필요가 없는 흉한 수구**

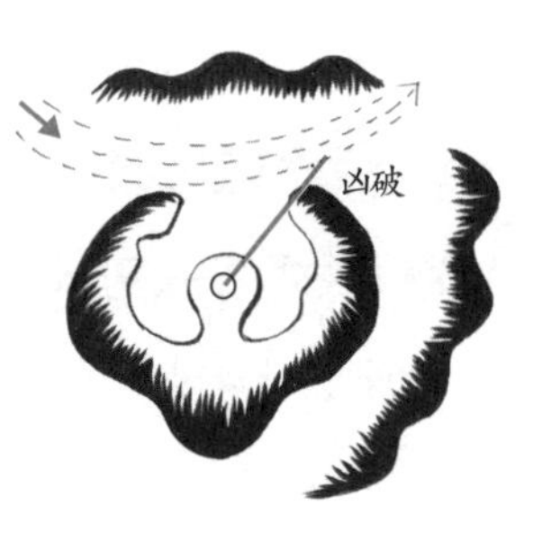

좌선수이기 때문에 백호 끝의 연장선에서 합금지처를 찾을 수 있으나 반배수(反背水) 또는 반궁수(反弓水)와 같은 흉한 수세인 경우는 수세를 확인할 필요조차 없다.

❽ 혈전(穴前) 사면이 바다인 경우 어느 쪽을 수구로 볼지 분명하지 않

을 때가 많다. 이런 경우도 뒷산이 높고 청룡·백호가 혈을 잘 감싸주어 내수구(內水口)를 파(破)로 볼 수 있을 경우는 바닷물이 암공수가 되어 상당한 길지에 해당된다. 그러나 이런 경우는 보기 드물며 청룡과 백호도 닫아주지 못할 때 혈 앞이 멀리 망망대

해가 되었을 경우는 수구가 별로 중요하지 않지만 수구를 본다고 하면 본신룡이 좌선룡인지 우선룡인지를 확인하고 좌선룡인 경우 청룡 끝의 연장선을 수구로 본다. 청룡·백호 끝과 혈이 삼합오행이 되면 수구의 여하를 초월하여 길하며 용과 혈장이 분명한가를 세심히 살펴야 한다.

❾ 안산이 백호와 이어져서 그 뒤에 흐르는 하천물은 암공수의 역할을 할 뿐 혈에서는 보이지 않기 때문에 수구는 안산과 청룡과의 합금지처가 되며 득수는 양쪽 내당수 중에서 과당(혈 앞을 통과하는 물)하는 쪽의 선견지처를 득으로 본다.

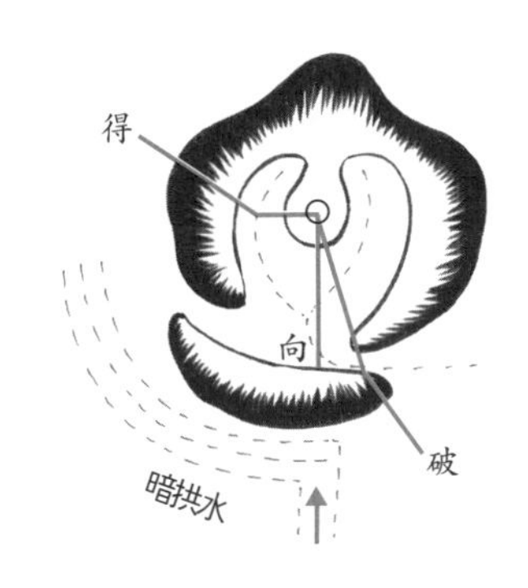

❿ 암공수(暗拱水)의 경우

암공수란 혈에서는 청룡과 백호 및 사(砂)에 가려서 물이 보이지 않게 흐르고 있는 것을 말한다.

암공수의 수구를 재는 것은 불가능하며 청룡·백호 합금지처가 수구(內水口)에 해당되며 암공수는 보이지 않아도 길수(吉水)이다.

명조(明朝=혈 앞에 보이는 물)가 암공수만 못하다 하였다. 보이는 물은 대살(帶殺)하기 쉬우나 암공수는 수구와 상관없이 다정하게 정포(情抱)하면 吉한 것이다.

⑪ 혈 앞의 들 가운데 또는 안산과 청룡·백호와의 사이에 하천이 흐를 때 처음 물이 보이는 곳〔先見之處〕이 물의 득(得)이요, 물이 흐르는 것이 실제로 보이다 끊긴 곳〔不見之處〕이 수구가 된다. 하천이 없이 들로만 되어 있을 때 청룡 또는 백호와 안산과의 합금지처〔❺번 그림 참조〕를 수구로 보는 것과는 약간 다르다.

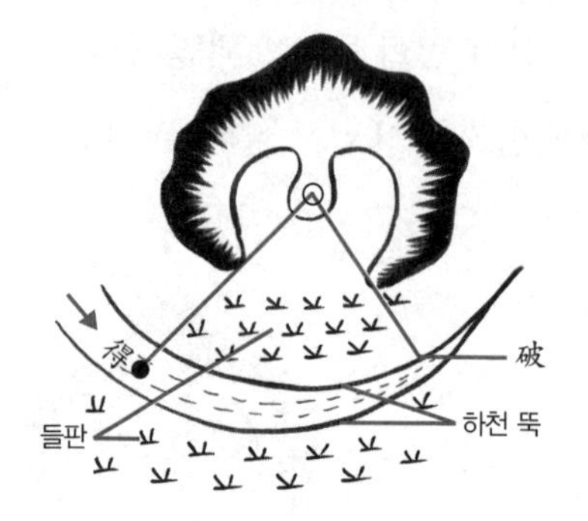

제7장 재혈裁穴을 잘못하여 한 가정을 망친 예

다음은 어느 문중에서 명혈(名穴)이 들어 있는 산을 구득(求得)하였으나 지사의 오판으로 재혈을 잘못하여 큰 피해를 당한 사례이다.

화순군(和順郡) 남면(南面)에 있는 유어상수형(遊魚上水形)이 결지, 산도(山圖)에 있다. 물론 결록(結錄)이나 산도(山圖)에도 있기 때문에 어느 정도 믿지만 보는 사람마다 대명당(大明堂)이라고 감탄하니 독자들로 하여금 실감나게 그 실체적 내용을 소개하겠다.

혈의 개요를 살펴보면 다음과 같다.

坐向	分金	左右旋龍	入首五格	入首
艮坐 坤向	辛丑 分金	左旋龍	橫龍入首	癸入首
穿山 72龍	**入首와 向 (淨陰淨陽)**	**左右旋水**	**左右旋 穴場**	**左右旋 穴坐**
癸의 珠寶脈(빈칸)	陽龍入首에 陽向	右旋水	右旋 穴場	左旋 穴坐
穴의 陰陽向	**水口**	**水口와 入首와 관계**	**穴證**	**穴相**
陰向(坤向)	丁未破	冠帶龍 入首(逆旋)	腦頭 結咽處 軟翼砂	乳穴

※ 기타 사항은 다음 사항별로 자세히 설명하기로 함

1 용龍과 물의 좌·우선左·右旋

산천의 형국은 자연으로 형성된 것이지만 좌·향을 정하는 것은 그 책임이 사람에게 있으므로 하늘이 만든 명당이라 할지라도 사람의 실수로 재혈(裁穴=좌·향을 정하는 것)을 잘못하면 발복(發福) 대신 흉화(凶禍)를 당하게 되니 지사들의 책임이 얼마나 무겁겠는가?

이와 같이 풍수지리에서 제대로 좌·향을 정하는 것이 극히 중요하므로 완벽하게 이해를 해야 된다. 옛부터 심룡(尋龍) 3년에 재혈(裁穴) 10년이라 함도 그만큼 어렵고 신중을 기해야 된다는 뜻이다. 그리고 망인의 안위는 형기(形氣)에 의함이요, 자손의 화복은 이기(理氣)에 의함이라 했으니 형기·이기 모두 소중함을 강조한 것이다.

그처럼 재혈이 중요하지만 그중에서도 제일 어려운 일은 각종 수법에 맞도록 재혈하는 일이다.

첫째, 물의 좌·우선을 확실히 파악해야 된다.

좌·우선을 살핀다는 것은 이 세상 어느 지역을 가도 모두 다 물이 왼쪽(左旋水)에서 오른쪽으로 흐르던가, 오른쪽(右旋水)에서 왼쪽으로 흘러가게 되어 있다. 직사(直射), 직거(直去)할지라도 결국은 좌나 우로 흘러가게 된다. 그러므로 좌선수라면 이 국은 양국이기 때문에 좌향은 양향인 甲庚丙壬(지지 포함)과 辰戌丑未향이라야 되며 반대로 우선수라면 음향인 乾坤艮巽(지지 포함)과 乙辛丁癸향이라야 되기 때문에 여러 용이 있을 경우 물의 좌·우선과 반대되는 용을 찾아서 그중에서도 청룡·백호와 안산·조산이 잘 감싸주어 장풍(藏風)이 잘 이루어질 수 있는 용을 본신룡으로 정하고 (앞에서 전망) 그 본신룡으로 오른다.

둘째, 그뿐만 아니라 물의 좌·우선에 따라 여러 가지가 자동적으로 달라지기 때문에 혈장 내에서 이를 확인해야 된다. 즉, 이곳 혈장처럼 우선수라면,

❶ 용〔本身龍〕은 좌선룡이라야 하며 그 외에 본신룡 좌·우선의 식별 방법으로는 다음과 같다.

㉠ 주산의 위치를 혈 앞에서 바라볼 때 좌측에 있으면 좌선룡(左旋龍)이요 우측에 있으면 우선룡(右旋龍)이다.

㉡ 청룡이 길면 본신룡은 좌선룡이요, 백호가 길면 우선룡이다.

㉢ 본신룡의 끝이 좌선이면 좌선룡이요 본신룡의 끝이 우선이면 우선룡이다.

㉣ 물이 좌선수면 우선룡이어야 되며 물이 우선수면 좌선룡이어야 된다.

❷ 본 혈장처럼 물이 우선수이고 본신룡이 좌선룡이라면 혈장은 우선혈장이어야 되며 선익사는 백호 쪽이 길어야 된다. 그리고 혈장 지면은 청룡 쪽 즉 선익사가 짧은 곳이 높아야 된다[左高右落]. 이

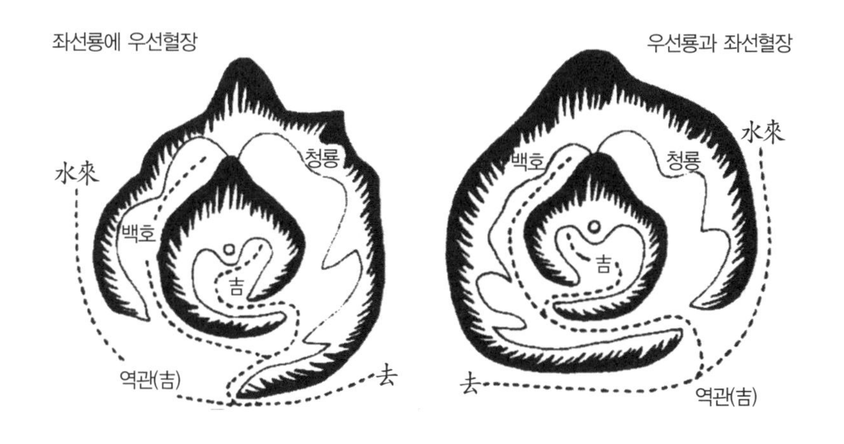

와 같은 혈장 여건에서는 혈좌는 자연 좌선 혈좌가 되어야 우선수와 합법인 것이다. 물의 좌·우선이 결정되면 자동적으로 여러 가지 혈장 여건이 결정되기 때문에 그만큼 물의 좌·우선 결정은 중요한 사항인 것이다.

② 용龍의 결인처結咽處와 뇌두腦頭의 유무 확인

용의 결인과 뇌두의 형태도 입수의 다섯 가지 형태에 따라 차이가 있기 마련이다. 본신룡을 결정했으면 속기(束氣)와 분수(分水)의 역할을 할 수 있는 결인처 또는 박환처(剝換處)를 확인하고 와겸유돌(窩鉗乳突)의 혈상에 따라 뇌두의 차이가 있지만 여하튼 뇌두의 유무를 확인하고 혈의 진가(眞假)를 가늠해야 한다.

본 혈장인 유어상수혈(遊魚上水穴)의 경우 주룡(主龍)이 굴곡은 희미하나 기복은 왕성한 편이다. 따라서 결인은 주룡의 왕성한 기복을 통해 삼분삼합은 잘 이루어져 물은 잘 털었다고 본다.

횡룡입수의 경우는 용의 좌· 우선도 주룡과는 상관없이 입수룡의 끝이 좌선이면 좌선룡으로 보고, 우선이면 우선룡으로 본다. 따라서 이곳 본신룡은 좌선룡이 분명하다.

횡룡입수한 후 결인처는 양쪽 계곡이 만나는 곳이다. 그 지점에서 약간 내려오면 뇌두가 형성되어 있으니 그 밑으로 혈장은 이루어진다.

③ 혈장사진穴場四眞을 찾는다

혈장사진이란 진룡(眞龍), 진사(眞砂), 진토(眞土), 진수(眞水)를 말한다.

◉ **진룡**…생기가 모이는 뇌두에서 혈〔원훈=圓暈〕에 이르는 구(毬)가 뚜렷해야 진룡인 것이다.

◉ **진사**…혈〔圓暈, 太極暈〕을 감싸주고 혈에 모인 생기를 모아서 감추는 역할을 하기 때문에 모든 사(砂) 중에서 가장 미약하면서도 가장 혈에 가깝고 중요한 사(砂)이기 때문에 진사라 하며, 가장 미사(微砂)에 속하는 선익사〔印木〕도 음·양이 있어 좌측에 선익사가 석골(石骨) 등 경익(硬翼)이 길거나 강하게 드러나면 우측 선익사는 보다 짧거나 흙으로 된 연익(軟翼)이 희미한 경우가 많다.

반대의 경우도 같다. 흙으로만 이루어진 연익(軟翼)은 유구한 세월 속에 풍우에 망가져 아주 희미하고 미세하게 나타나기 때문에 자세히 살펴야 한다. 가운데만 도톰하고 양쪽이 낮기만 하고 선익사가 없는 유(乳)바닥이 많으나 이런 곳은 선익사를 만들어서 미곡(微谷)을 만들어 주어야 한다. 겉으로는 보이지 않아도 흙 속에 숨어 있는 암익사(暗翼砂)도 있다. 본 혈장에도 주위의 흙보다는 약간 강한 비석비토(非石非土)로 선익사 역할을 하고 있는 암익사를 확인할 수 있었다.

◉ **진토**…혈토(穴土)란 혈의 뇌두〔승금〕와 선익사, 순전(脣氈)이 감아주고 있는 혈 가운데 흙을 말한다. 진혈에는 필유진토(必有眞土)라야 한다. 그 진토란 토색(土色)에는 구애받지 않으나 제일 많은 것이 홍황색이고 흑·적·황·백 등 삼색토·오색토도 있다. 『청오경』에는 입수맥에 따라 각기 다른 토색(土色)을 기록해 놓았으나 실제로 일치되지 않는다. 혈토는 견

고 유연하며 비석비토로 광택이 나는 것을 말한다. 이와 같은 혈토는 생기를 보전하고 습도가 알맞고, 과학적으로 설명하자면 약 알카리 또는 중성에 가깝고 뼈에 해로운 광물질이 없는 혈토를 말한다.

이러한 혈토의 길흉은 혈장의 사활과 직결된다. 그러므로 혈토가 퇴적잡토(堆積雜土) 또는 버슬버슬한 무기허토(無氣虛土), 습기가 많은 점토, 석맥흉토(石脈凶土), 사력토〔砂礫土 = 밤자갈땅〕는 용혈의 생왕(生旺)과 국세(局勢)의 여하에 관계없이 진혈이 될 수 없다.

◉ **진수**... 혈〔圓暈, 太極暈〕을 다정하게 감싸고 혈〔圓暈〕에 모인 생기를 흩어지지 못하게 하는 미곡미수(微谷微水)이다. 진수란 곧 상수(相水)를 말함인데 혈〔圓暈〕보다 선익사 쪽이 낮으면 자연히 미곡(微谷)이 생기기 마련이며 미곡이 있으면 상수를 생각할 수 있는 것이다〔**觀念水**〕. 따라서 상수는 혈에 가장 가깝기 때문에 먼 곳의 대강수(大江水)보다 소중하며 상수가 없으면 진룡의 생기를 멈추게 하지 못하기 때문에 상수는 어느 물보다 귀중하기에 진수라 한다.

본 혈장에서는 아주 미세한 연익(軟翼)이 있었기에 재혈(裁穴)에 도움이 되었으나 굴착기로 바닥을 고르다 보니 속에 암익사(暗翼砂) ➜ 지면 위로 나타나지 않았으나 굴착기로 지면을 고르고 보니 미세하게 보이던 암익사가 땅 속 깊게까지 혈〔圓暈, 太極暈〕을 감싸주고 있었다.

제8장 수법水法에 대한 비보방법

이상 수구사국포태법(水口四局胞胎法), 삼합오행수법(三合五行水法), 장생수법(長生水法), 향상포태수법(向上胞胎水法), 88향수법(88向水法) 등 비보에 대한 예비지식으로 그 핵심만 설명했다. 필자의 경험으로는 향상포태수법과 88향수법은 결과가 거의 일치되기 때문에 두 가지 중 자신이 선호하는 한 가지만 택하고 다른 수법으로는 맞지 않아도 삼합오행수법으로 맞으면 길격(吉格)으로 간주해도 된다.

다만, 장생수법은 길흉(吉凶)이 판이하게 달라지는 경우〔전체의 20% 정도〕 어느 수법이 진(眞)인지 과학적으로 해명할 수 없어 필자의 경우는 다른 수법으로는 다 맞고 장생수법만 틀리되 형기상(形氣上)으로도 버리기 아까워 택하는 경우도 있었으나 가급적이면 세 가지 수법이 다 맞았을 때 진혈로 믿고 신중히 용사(用事)를 했다. 이 책에서 필자가 도선국사(道詵國師)의 가르침을 인용해서 어떤 때 비보가 절대적으로 필요한가를 설명할까 한다.

① 첫째 구묘에 있어서 전혀 풍수지리에 상식이 없는 사람이 아무 곳이나 아무 좌향이나 구별 없이 묘를 쓴 구묘가 많다.

② 둘째 풍수지리를 좀 공부했다 할지라도 근본적으로 틀린 이법(理法)을 배운 사람들이 틀리게 입향한 구묘가 많다.

③ 새로 묘를 쓸 때 여러 가지 살을 피하기 위해 비보를 통해 제살(除殺)을 해야 되는 경우가 많다.

④ 오래된 명묘 중에서도 한때 발복이 되어 크게 번성한 문중이 환경이 바뀌어 길파(吉破)가 흉파(凶破)로 변해 문중 후손들이 크게 화(禍)를 입는 경우가 있다.

⑤ 묘지(墓地＝穴場) 조성이 잘못되어 물을 털지 못해 분수(分水＝排水)가 잘 되도록 하기 위한 비보가 필요하다.

위와 같은 사례가 너무도 많아 세밀히 분석해 보면 전체 묘의 1/3 이상이 이장을 하거나 그렇지 못하면 비보를 해 주어야 할 묘들이다. 그래서 그 현장 사례를 예를 들어 자세히 설명할까 한다.

◉ **임좌병향**壬坐丙向**에 손사파**巽巳破**의 경우**

❶ 삼합오행수법 ❷ 향상포태수법, 장생수법, 88향수법의 순서대로 설명하겠다.

❶ 坐를 중심으로 하는 삼합오행이라면 壬坐에 巽巳破는 삼합이 아니기 때문에 삼합혈은 아니다. 또 향(向)을 중심으로 해서 丙向이므로 艮丙辛 三合이 아니기에 해당되지 않는다.

❷ 향상포태수법

㉠ 향(向)을 중심으로 파(破)의 길흉을 보기 때문에 丙向에 대한 破의 길흉을 보면 길파는 甲卯破·丁未破·辛戌破밖에 없는데 물이 우선수라면 甲卯破밖에 없으며 좌선수라면 丁未破만 합법이며 辛戌破는 제대로 破로 보이는 경우는 별로 없으나 이기상(理氣上)으로만 맞다. 때문에 丙向에 巽巳破는 대황천살(大黃泉殺)이 되어 5년 내에 자손이 크게 피해를 본다고 했다.

㉡ 우선수의 경우는 좌선좌가 되어야 하며 좌선수의 경우는 우선좌가 되어야 되는데 좌·우선 구분없이 입향하면 큰 오류를 범하게 된다. 또한 丙向이라면 입수와도 적법이어야 되기 때문에 알맞은 입수(入首)는 丑 입수, 艮 입수밖에 없다. 艮 입수나 丑 입수 중 용의 흐름에 맞추어 입향하면 된다.

그러나 艮 입수의 경우, 艮 입수와 壬坐丙向이라면 입수와 좌향 사이에 각이 너무 벌어져〔60도〕 돌(突)바닥 외에는 불가하므로 이런 경우는 재혈이 불가하다. 丑 입수 壬坐丙向으로 하면 丑은 정음(淨陰)이고 丙向도 정음(淨陰)에 해당되기 때문에 적법이다.

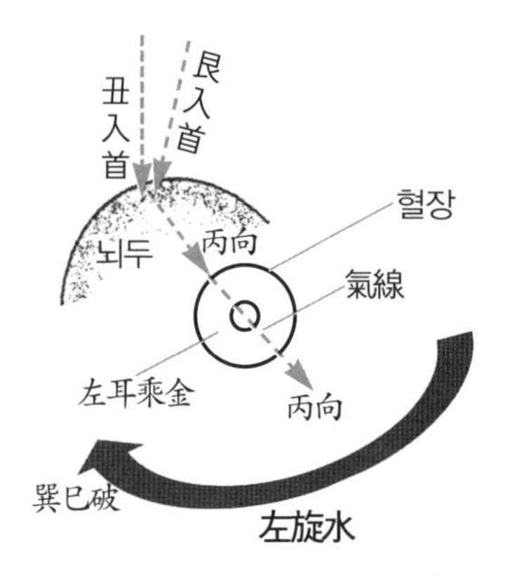

㉢ 필요한 비보내용

위와 같이 壬坐丙向에 巽巳破가 된다면 향상포태 조견표 내용과 같이 대황천파가 되어 자손들에게 크게 불리하다.

이렇게 오류를 범한 묘를 발견하였을 때는 신속한 비보가 절실히 필요하다.

다음은 그러한 실례를 소개하겠다.

◉ 비보의 실례

❶ 입수와 좌향의 조절(정음정양법 조견표 참조)

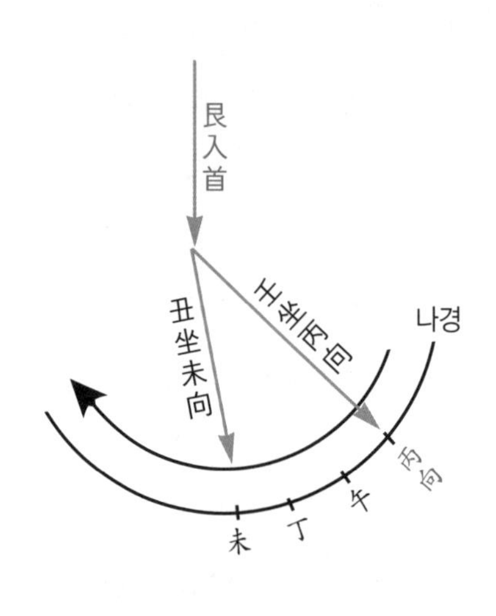

- 艮 입수 壬坐丙向은 정음정양법으로는 합법이지만 입수와 좌향 사이에 너무 굴절(60도)이 심해 부적합하다.
- 丑 입수로 교정한다 해도 45도나 되기 때문에 돌(突)바닥에서나 가능하지 유(乳)바닥 등에서는 적합하지 않다.
- 때문에 여기서는 좌향을 丑坐未向으로 교정하면 입수와 좌향도 적법이며 15도 굴절이기에 적합하다.
- 만약에 우선수라면 다음 그림처럼 艮 입수에 寅坐申向이라야 좌선 혈좌가 되어 적법이다.
- 그러나 艮 입수가 아니고 甲卯乙 입수라면 용상팔살로 매우 큰 흉살이 되어 커다란 피해를 입게 되니 세밀히 봐야 한다.

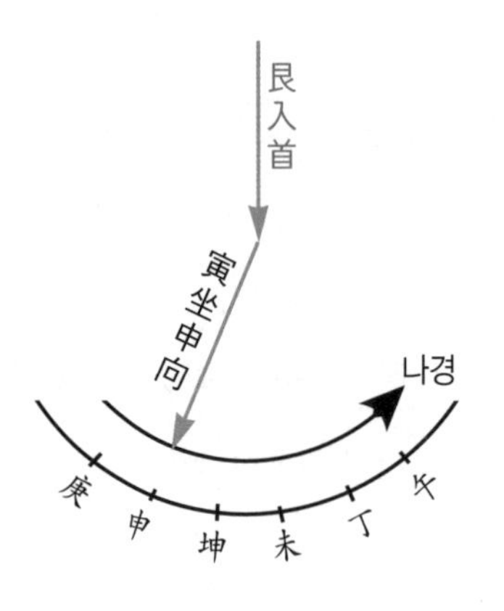

- 흔히 오류를 범하기 쉬운 것은 우선수(右旋水)인데도 艮 입수 丑坐未向으로 입향하는 것과 좌선수(左旋水)인데도 艮 입수에 寅坐申向으로 입향하는 경우가 많다. 뿐만 아니라 본신룡 자체가 우선룡인데 물이 우선수

라면 그런 용에는 묘를 쓰지 말아야 한다.

답산을 하다 보면 그런 기본적인 문제도 이해를 못하고 오류를 범하여 후손들이 피해를 보는 경우가 생각보다 많다. 이러한 경우는 비보도 불가능하다.

산은 陰이요 물은 陽이기 때문에 음과 양의 궁합이 잘 맞아야 길(吉)하며 맞지 않으면 흉(凶)하다. 또한 산은 정(靜)이요 물은 동(動)이기 때문에 흉사(凶砂)의 피해보다 흉수〔凶水=凶破〕의 피해가 훨씬 빠르고 크다. 때문에 철저히 조심해야 하며 凶水의 경우는 빨리 비보를 해 주어야 한다.

흉수(凶水)의 종류로 제일 큰 흉살(凶殺)은 향(向)과 수구〔水口=破〕와의 관계에 있어 대황천파(大黃泉破)와 소황천파(小黃泉破)이며, 둘째로는 득수(得水)에 있어서 팔요황천수(八曜黃泉水)와 팔로사로황천수(八路四路黃泉水)이다. 셋째로는 직사수(直射水) 및 직거수(直去水) 등이 있다. 특히 같은 흉살이라도 다른 여건의 차이로 그 피해 속도와 크기에 차이가 있다는 것이다. 예를 들면 다음과 같다.

1 소황천파小黃泉破와 대황천파大黃泉破

소황천파(小黃泉破)의 경우 대황천파에 비해 별로 피해가 크지 않다고 생각하기 쉬우나 다른 황천파보다 피해가 더 크고 빠른 예이다.

높은 곳에 모셨는데 명색 주산(主山)과 본신룡(本身龍)이 겨우 묘의 뒤를 좀 가려줄 뿐 묘의 주위가 360도라면 그중 30% 정도만 바람을 막아줄 뿐 양쪽 옆과 앞을 완전히 가려주는 산이 없거나 낮아서 바람을 막아주지 못해 풍살(風殺)이 심해 재해(災害)가 많은 것은 물론 피해가 빠르기도 하다. 이런 곳을 고한(孤寒)이라 한다.

여기서 설명하고 싶은 본론은 소황천파(小黃泉破)이다. 앞에서도 말했지만 묘는 높은 곳에 모셔져 묘 앞이 수십미터 밑으로 낮은 들판이어서 창판수(倉板水)가 되어 평소에는 물이 없으며 외당수(小河川)가 그 흐름이 너무도 선명하게 보이기 때문에 파(破) 역시 높은 곳의 묘지에서 내려다 보니 甲破가 확실한데 묘는 辛坐乙向이어서 소황천파(141페이지 조견표 참조)에 해당된다.

이런 곳은 같은 소황천파라도 묘가 낮은 곳에 있어 물이 들판에 가려 보이지 않고 그저 안산(案山)의 끝과 합금지처(合襟之處)를 관념적으로 破로 정하는 것과는 그 피해에 있어서 비교가 되지 않는다. 대황천파의 경우도 같다. 따라서 위와 같은 경우 소황천파라고 해서 소홀히 취급해서는 안 된다.

◉비보방법

미리 알아 두어야 할 내용으로는 소황천파와 대황천파의 구별된 인식이다. 파(破)를 정확히 측정하는 요령을 터득하고 있는 사람은 앞의 조견표를 보면 쉽게 확인할 수 있다.

즉 乙, 辛, 丁, 癸, 辰, 戌, 丑, 未向[四庫藏向]의 경우 향상포태법으로 사

파(死破)가 되었을 때 소황천파가 되며 甲, 庚, 丙, 壬, 子, 午, 卯, 酉向인 경우 관파(官破)가 되었을 때 대황천파라 한다. 황천파는 대소를 막론하고 그 피해는 대소(大小), 완급(緩急=느리고 빠른 것)은 차이가 있지만 여하튼 비보를 하거나 이장해야 된다. 이장을 하게 되면 이러한 흉살에 걸리지 않도록 주의해야 되지만 이장도 못할 경우는 키가 큰 상록수를 墓 아래에 밀식해서 수구(水口=破)를 바꾸어 주는 방법밖에 없다.

예를 들어 그림처럼 신좌을향(辛坐乙向) 갑파(甲破)의 소황천파 우선수라면 甲의 바로 왼쪽에 寅破만 되어도 간인파(艮寅破)는 병파(丙破)에 녹마귀인파(祿馬貴人破)가 되어 길파(吉破)가 되니 어떠한 방법을 써서라도 그렇게 비보를 해주던가, 그렇지 못하면 흉살이 없는 곳으로 이장을 하던가, 이도 저도 안 되면 화장을 해서 납골당에라도 모시는 것이 차라리 더 좋은 방법이다.

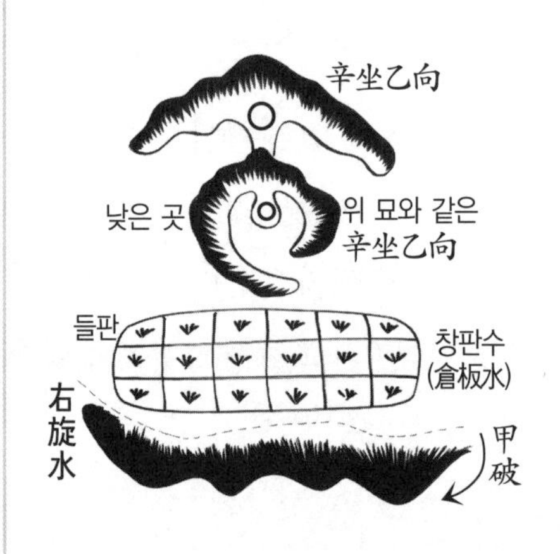

비보, 이장, 납골당 또는 수목장 중 어느 한 가지를 택하는 것은 자손들이 결정할 일이지만 이도저도 다 미신이라고만 생각하고 신앙에만 의존하고 방치해 버리면 얼마 안 가서 신앙에 의존할 자식마저 없어질 수 있다.

② 팔요황천수八曜黃泉水와 비보

앞에서는 좌향(坐向)에 대한 흉파(凶破)의 설명과 비보방법에 대해 논했으나 다음은 좌향에 대한 흉득(凶得)에 대해 설명하고 비보방법에 대해서 논할까 한다. 팔요황천수도 필자의 저서를 공부한 사람이라면 이해를 하겠지만 비보방법을 바로 논하면 이해가 잘 되지 않을 것 같아 기억을 되살리기 위해 비보에 앞서 핵심적 내용만 설명하기로 한다.

팔요황천수는 일명 팔요수(八曜水)라고도 하며 여러 가지 흉살 중에 가장 나쁜 흉살이니 장사(葬事) 시 반드시 피해야 한다. 그렇지 않으면 사람이 상하거나 손재를 당하게 된다. 예를 들어 감룡(坎龍) = 임자계(壬子癸) ➜ 감괘(坎卦) ➜ 진방(辰方), 즉 임자계좌(壬子癸坐)의 묘(墓)는 진방(辰方)에서 득수(得水)가 되면 팔요황천살에 해당된다는 뜻이다.

물의 방위는 8층 봉침으로 혈에서 득수(得水) 방위를 본다.

이러한 이치는 물만이 아니라 직풍(直風)도 해당되기 때문에 황천방(黃泉方)이 함(陷)해서 그곳으로부터 혈을 향해 화살처럼 불어오는 바람을 황천풍(黃泉風)이라 하며 극히 해롭다.

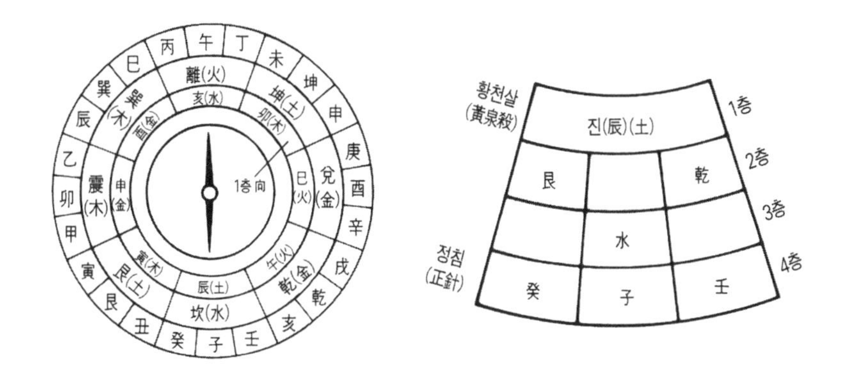

◉비보방법

앞에서 설명한 내용처럼 혈(穴)에서 볼 때 나경 1층에 기록된 황천방(黃泉方)에서 득수(得水)가 되면 인명 피해나 재산 피해를 입게 된다. 墓가 만약 자좌(子坐)라면 황천방은 진(辰)방이니 子는 곧 水요 辰은 土가 되어 토극수(土克水)가 되기 때문에 진방(辰方)이 황천방이 되는 것이다. 때문에 나경 4층 壬, 子, 癸[감괘(坎卦)]이기에 수에 해당되니 만약 穴坐가 壬, 子, 癸이고 辰方에서 득수가 된다면 빨리 비보를 해서 황천방득수(黃泉方得水)를 피해야 된다. 도저히 피할 수 없다면 이장을 하던지 화장을 해서 납골당이나 수목장을 해야 차라리 피해가 없다[화장하면 유골의 인자 DNA가 소멸되어 버리기 때문임].

만약 우선수라면 물이 과당(過堂_물이 묘 앞을 지나는 것)을 못하기 때문에 이기상 있을 수 없는 문제이다.

예 위와 같은 여건이라면 이는 좌선수(左旋水)의 경우이다. 子坐(水)를 生해 주는 방향은 정오행 庚申方과 辛酉方뿐이기 때문에 金에 해당되는 西方이 최상인데 아쉽게도 寅方에서 득수가 된다면 寅은 木이기 때문에 아생자(我生者)가 되어 별로이지만 황천방에 비하면 훨씬 좋은 편이다.

③ 팔로사로황천수八路四路黃泉水와 비보

팔로사로 황천수 역시 극히 흉한 살(殺)이다. 조장(造葬)할 때 이 살을 피하지 못하면 재앙을 당하게 된다. 다음 그림의 향(向)에 대한 팔로사로

황천방에서 득수(得水)하거나 그쪽이 낮아서 바람이 불어오면 역시 황천살에 해당된다. 다만 바람은 좌(坐)를 기준으로 한다. 예컨대 艮坐坤向이니 坤向에 대한 丁·庚方에서 득수가 되면 황천수에 해당되며 바람〔黃泉風〕은 艮坐에 대한 甲·癸方이 낮아 살풍이 불어오면 황천풍에 해당되니 주의해야 한다.

※ 나경에서 팔로사로 황천방 찾는 요령

나경 2층에 기록된 팔로사로 황천방을 쉽게 찾는 요령이 있다.

요령은 甲·庚·丙·壬向에서는 좌측 바로 옆 천간(天干)이고, 乙·辛·丁·癸 向에서는 우측 바로 옆 天干이며, 乾, 坤, 艮, 巽 向에서는 양쪽 바로 옆 天干이 황천방이다〔하단에 있는 나경도와 상호관계도를 대조하면 이해하기 쉽다〕.

혈 뒤에서 바람이 불어오면 단명(短命)하고 좌측에서 불어오면 장손이 패절(敗絕)하고 우측에서 불어오면 차남이 禍를 당하게 되며 앞에서 불

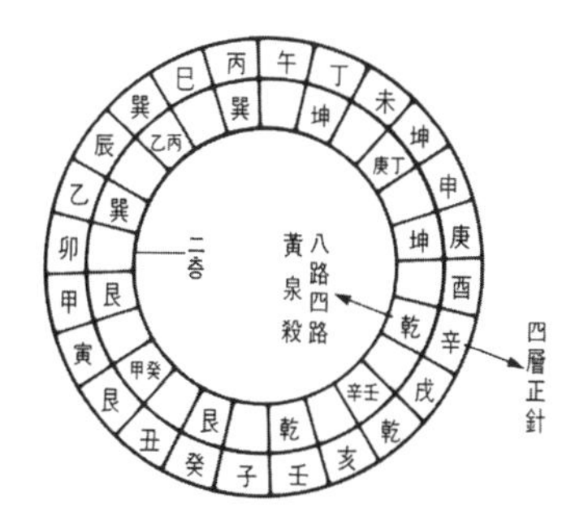

【八路四路 黃泉의 상호관계도(나경 2층과 4층)】

나경 4층	甲	庚	丙	壬	乙	辛	丁	癸	巽	乾	艮	坤	→ 墓向
	↓	↓	↓	↓	↓	↓	↓	↓	↓	↓	↓	↓	
나경 2층	艮	坤	巽	乾	巽	乾	坤	艮	乙	辛	甲	丁	→ 黃泉殺
									丙	壬	癸	庚	

어오면 빈한(貧寒)하고 고통을 받게 되니 결국 사방이 다 요함(凹陷)한 곳이 없어야 한다.

④ 팔로사로황천살八路四路黃泉殺과 비보

庚丁向에 坤方得水, 乙丙向에 巽方得水, 辛壬向에 乾方得水는 黃泉水이기에 대기(大忌)라 하였다. 그러나 전남 나주 반남 朴氏山〔봉형(蜂形)〕은 甲坐庚向에 坤申得水이고 壬子破이지만 영상(領相)이 7명이나 나왔다고 팔요황천수를 부정하는 지사들이 있다. 그러나 나경에까지 명시되어 있는 황천살을 부정한다는 것은 아주 경솔한 탓이라고 필자는 생각한다.

왜냐하면 박씨산 벌〔蜂〕 명당은 甲坐庚向에 7정승이 나올 그 당시는 坤申得이 아니라丁未得이어서 팔요황천살이 아니라 길득(吉得)이었으나 광복 후 초등학교를 건립하면서 교실 2칸을 丁未方에 세우고 보니 丁未方 물은 가려서 안 보이고 황천방인 坤申方이 得水가 된 것이다.

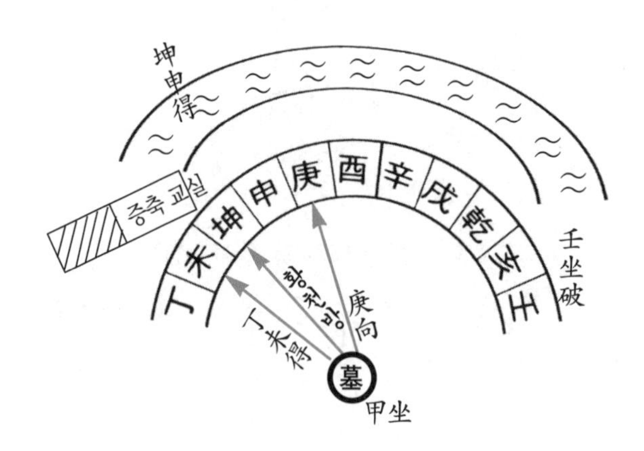

이런 경우 나무가 서 있다면 제거하고 원래의 정미방〔冠帶得(관대득)〕으로 환원시켜 주면 비보방법 중 제일 좋은 방법이지만 국가건물인 학교이기 때문에 철거할 수가 없다.

그러나 오래된 묘이기에 진발복〔盡發福=발복이 다 끝남〕하였으니 어찌하리오. 그리고 7정승이 나올 정도의 명혈(名穴)이라면 원래 그런 흉살(凶殺)은 절대로 범하지 않는 법이다. 후세 사람들이 무지해서 명혈을 파손했을 뿐인데 황천살을 흉살로 취급하지 않는 처사는 참으로 경솔하고 위험한 태도이다.

앞의 설명만 봐도 나경을 통해 향(向)에 대한 황천방을 쉽게 찾을 수 있다. 즉, 甲庚丙壬향에서는 바로 왼쪽 천간(天干)이 황천방이기 때문에 황천방에서 득수(得水)가 되려면 좌선수(左旋水)가 되어야 되며 반대로 乙辛丁癸향의 경우는 우선수(右旋水)라야 황천방에서 得水가 된다.

만약에 좌선수의 경우는 물이 과당(過堂)을 못하게 되어 맞지 않다. 그러나 乾坤艮巽향에 있어서는 좌선수의 경우도 있고 우선수의 경우도 있다. 그러나 필자의 경험에 의하면 향의 바로 옆에서 득수〔得水=先見之處〕가 되는 경우는 흔치 않다. 만약 황천방에서 득수(得水)가 된다면 비보가 절대적으로 필요하다. 예를 들면 壬坐丙向이면 좌측 巽方이 황천방(黃泉方)이니 그쪽으로 상록수를 심어 물이 안보이게 하고 대신 巳方에서 득수가 되도록 하는 비보가 필요하다.

팔요황천수와 팔로사로황천수는 비보방법은 비슷하나 두 가지 다 쉬운 문제는 아니다. 두 가지 다 상록수로 황천방 득수(得水)를 가려주는 비보방법이 불가능하면 묘의 좌향(坐向)을 바꾸는 방법도 있으나 이런 경우는 입수와도 맞추어야 하기 때문에 풍수지리에 대한 전문지식이 필요하다. 그리고 묘주(墓主)의 이해가 따르지 않으면 사기꾼들의 감언이설에 속아 돈만 허비하게 되니 이 또한 어려운 일이기에 필자는 효심 있는 분들을 위해 90의 고령으로 이 책을 발간하게 되었다.

◉ **위 내용과 반대의 경우**

예1 『천하명당 여기에 있다』라는 책 80~82쪽을 보면 다음과 같은 내용이 있다.

甲癸向 艮水, 庚丁向 坤水, 乙丙向 巽水, 辛壬向 乾水는 황천수(黃泉水) 대기(大忌)라 하였다. 그러나 나주(羅州) 반남면(潘南面) 봉현(蜂峴) 朴氏山 봉형(蜂形)은 甲坐 坤申得 壬子破라. 그러나 영상(領相)이 7인이나 나왔다.

예2 이 역시 **예1**과 같아 『천하명당 여기에 있다』라는 책에 쓰여 있는 내용이다.

즉, 兌龍 巳水來하면 팔요수(八曜水)인지라 대기(大忌)하고 외지(畏之)한다. 그러나 의왕시(義王市) 고천동(古川洞)에 있는 淸風金氏 금계포란형(金鷄抱卵形)은 酉坐 巽巳得 癸丑破이다. 그러나 용진혈적명당(龍眞穴的明堂)이라 장사 후 연삼대(連三代) 조(祖), 자(子), 손(孫) 영상(領相)이요 대제학(大提學) 3인, 왕비(王妃) 2인이 나왔다.

그 저자는 이와 같은 내용으로 황천수 이론을 반박했다. 나경에까지 명시된 理氣를 부정하고 반박함은 참으로 경솔하고 위험한 처사이다.

酉坐의 팔요황천방이란 巽巳方이 아니라 단궁(單宮)인 巳方만을 말한 것이다. 왜냐하면 酉坐의 오행은 金이기 때문에 정오행 火에 해당하는 巳方(火克金)이 황천방인 것이다. 巽方은 정오행으로 木에 해당되기 때문에 황천방이 아닌데도 巽巳方이라 표현함은 황천방에 대해서 확실한 이치를 모르는 사람이다. 그리고 청풍김씨 금계포란형은 우선수 巽得이라면 팔요황천살에 해당되지 않으며 巳得이라면 황천살에 해당되나 이 묘는 巳·酉·丑 三合穴이 되어 최고의 穴이다. 巳·酉·丑 三合穴도 모르고 酉坐(金)에 巳得(火)은 火克金이기에 황천살인 것만 알고 三合穴은 이해를 못하면서 황천살을 부정한다면 참으로 위험한 일이다.

◉비보방법

위 내용에서 만약 丑破가 아니고 壬子破라면 酉坐에 壬子破는 浴破로써 무방하나 이런 경우는 巳·酉·丑 三合이 아니기 때문에 酉坐에 巳得은 황천방이 된다. 이런 경우는 巳方을 상록수로 가리고 巽得이 되도록 해주면 巽은 정오행으로 木이기 때문에 황천살을 피할 수 있다.

예3 여주(驪州) 세종대왕능(世宗大王陵)은 子坐 申得 辰破라 팔요수(八曜水)가 범(犯)한 자리이나 李朝 第一大地王陵이다.

이 역시 子坐(水)에 辰得(土)이면 土克水가 되어 子坐의 황천방은 辰

得이지 辰破는 황천방이 아니다. 그리고 이 자리는 申·子·辰 三合穴인데다 다른 살이 없어 최고의 길지이다. 그리고 이 자리는 다음과 같은 여러 가지 유명한 일화가 많다.

> 예종(睿宗)은 즉위하자 세종대왕을 최고 길지에 천장하기 위해 뛰어난 지사들을 선발하여 포천, 문산, 김포, 여주, 이천 등지로 파견하였다. 그 중 여주 쪽을 담당했던 안효례(安孝禮)라는 신안(神眼)이 찾아낸 길지(吉地) 중 길지(吉地)이다. 三合穴도 구분 못하고, 팔요황천방(八曜黃泉方)이 坐에 대해서 득(得)인지 파〔水口〕인지 구별도 못하는 짧은 지식으로 대흉살도 구별 못하는 우를 범했으니 그 이론을 따른 후학자들은 얼마나 많은 죄를 범했겠는가?

팔요황천살 및 팔로사로황천살, 대황천파, 용상팔살, 참암살, 쌍금살, 곡살 등 각종 흉살(凶殺)의 유·무를 정확히 살펴야 된다. 만약에 착오로 여러 가지 흉살이 범한 묘지라면 앞에서 예시한 비보방법을 택해서 殺을 피하도록 해야 된다. 그렇지 못하면 세종대왕능처럼 천장〔遷葬=이장〕해야 되고 그도 불가능하면 화장〔수목장 등〕이라도 해야 된다. 화장은 최후의 비보방법이라고 생각하면 된다.

⑤ 쌍금살과雙金殺과 비보

쌍금살이란 乙辰·辛戌·癸丑·丁未龍〔四庫藏〕이 길고 곧게 내려왔을 때 그 끝에, 예를 들면 癸丑龍의 끝이면 丑의 다음 艮坐를 쓰면 쌍금살에 해당된다. 즉, 辛戌龍이라면 그 다음 궁위인 乾坐가 쌍금살이며 다른 사고장룡(四庫藏龍)도 같은 이치이지만 사고장룡이라 할지라도 짧게 입수한 용이라면 상관없다. 그러나 그 분별에는 많은 답산(踏山)과 심혈(尋穴)의 많은 경험이 필요하다.

◉비보방법

다음 그림처럼 癸丑龍[기타 사고장룡 포함]이 30m 이상 곧고 길게 뻗은 후 그 끝에 간좌곤향이면 쌍금살이니 장사가 불가하다. 그러니 비보방법으로는 甲坐로 돌려야 한다. 甲坐의 경우 丙午破라야 욕파(浴破=문고소수파)가 되어 적합하나 만약 경향의 바로 옆 곤신파(坤申破)가 되면 대황천파가 되기 때문에 쌍금살을 피하려다 오히려 더 큰 흉살인 대황천살(大黃泉殺)을 범하게 되니 비보 시 입수와 좌향, 물의 득파(得破)와의 관계 등 기타 각종 흉살 관계를 고루 살펴야 한다.

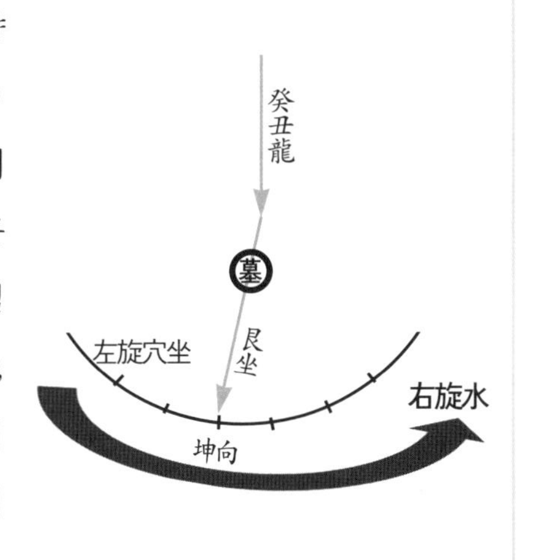

묘지에 결함이 있어 비보가 필요할 때 항상 주의해야 할 점은 처음에 발견된 흉살에 대한 비보에만 관심을 갖다 보면 비보를 통해서 또 다른 흉살을 초래하게 된다는 것이다.

그렇기 때문에 그와 같은 우를 범하지 않도록 하기 위해서는 다음에 소개하는 흉살에 대해서는 특히 유의하여야 하니 하나도 빠짐없이 확인해서 착오없도록 해야 한다.

⑥ 흉살凶殺의 종류

❶ 용상팔살(龍上八殺)
❷ 팔요황천수(八曜黃泉水)
❸ 팔로사로황천수(八路四路黃泉水)
❹ 대소황천파(大小黃泉破)
❺ 참암살(巉巖殺)
❻ 쌍금살(雙金殺)
❼ 풍살(風殺)
❽ 곡살(谷殺)

위 흉살에 대한 자세한 내용은 필자의 저서 『과학적으로 증명하는 현장풍수』『실전풍수입문』『한국풍수이론의정립(定立)』 등에 기록되어 있으니 참고하기 바란다.

⑦ 참암살巉巖殺과 비보

참암살을 소홀하게 여겨서 바위를 선호하여 큰 바위만 찾는 지사들이 많다.

혈증(穴證)으로서의 뇌두(腦頭)는 30cm 이하의 높이인 반월형(半月形)으로 생긴 돌을 말한다. 1m 이상의 큰 바위로서 부석(浮石=땅 위에 떠 있는 바위)을 뇌두로 착각해서는 안 되며, 특히 묘 위에 있으면 참암살이라 하여 지극히 해롭다. 묘 위에 있는 바위는 클수록 해롭고 가까울수록 더욱 해롭다.

우리나라 정계에서 널리 알려진 모씨의 부친 묘는 큰 바위로 완전히 포위 당해 있는 형국이다. 피해가 상당히 컸을 것으로 예상된다.

◉비보방법

부석(浮石)같으면 계곡 아래로 굴려 버리거나 흙으로 보이지 않게 덮어 버리는 방법밖에 없으나 이런 곳에는 묘를 쓰지 말아야 한다. 지사들이 착각하여 참암살을 피하지 못했다면 빨리 이장하거나 비보를 서둘러야 한다. 墓 밑으로 보이지 않을 정도면 큰 바위라도 상관없다. 바위를 선호하여 뇌두거나 선익사로 착각하는 지사들은 조심해야 한다.

⑧ 직거수直去水와 직사수直射水에 대한 비보

결론부터 말하자면 두 가지 다 크게 나쁜 흉수(凶水)이다.

필자의 회원 중 농협에 근무하는 젊은 회원이 있었다. 조용히 필자를 만나 부끄러워서 말도 못하겠다며 어렵게 말을 시작했다.

5~6년 전부터 갑자기 손재수가 생겼는데, 자기 부친이 친구의 보증을 섰다가 부도가 났는데 감당을 못하고 자기 월급까지 차압을 당했다면서 그 외에도 여러 가지 손재수가 있어서 부끄러워 직장에도 나가지 못하겠다며 눈물을 흘리는 것이었다.

필자는 위로의 말을 건네면서 선산을 한번 가보자고 했다. 상의 끝에 본인의 안내로 자기 조모님 墓부터 세밀히 살폈다. 묘의 약 10m 앞에 경지 정리시 수로가 새로 생겨 직거수(直去水)가 이루어지고 있었다. 묘전(墓前)에 가깝게[약 10m 앞] 직거수가 있으면 5년 내에 큰 피해가 발생한다고 했는데, 보는 즉시 직거수로 인한 피해로 판단되었다.

◉비보방법

직거수(直去水) 및 직사수(直射水)는 규모나 거리에 따라 그 피해의 속도 및 크기가 다르다. 그에 대한 비보방법은 상록수를 밀식해서 물이 보이지 않도록 해주는 방법밖에 없다. 그렇지 못하면 피해가 빠르기 때문에 이장하는 방법이 가장 좋다.

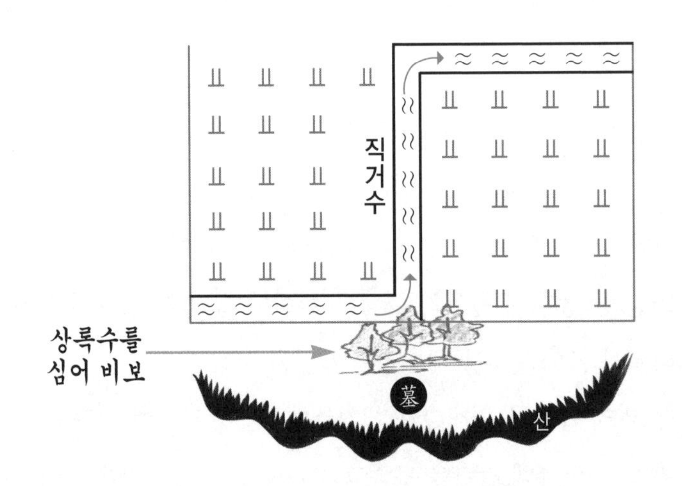

제7부

기타 여러 가지 비보방법

다음 그림은 전남 장흥군 유치면의 가지산(迦智山) 하에 있는 군왕대좌穴로서 도선국사의 『유산록』에 자세히 기록되어 있는 穴이다. 참고로 도선국사와 격암 남사고선생의 비결을 소개하려 한다.

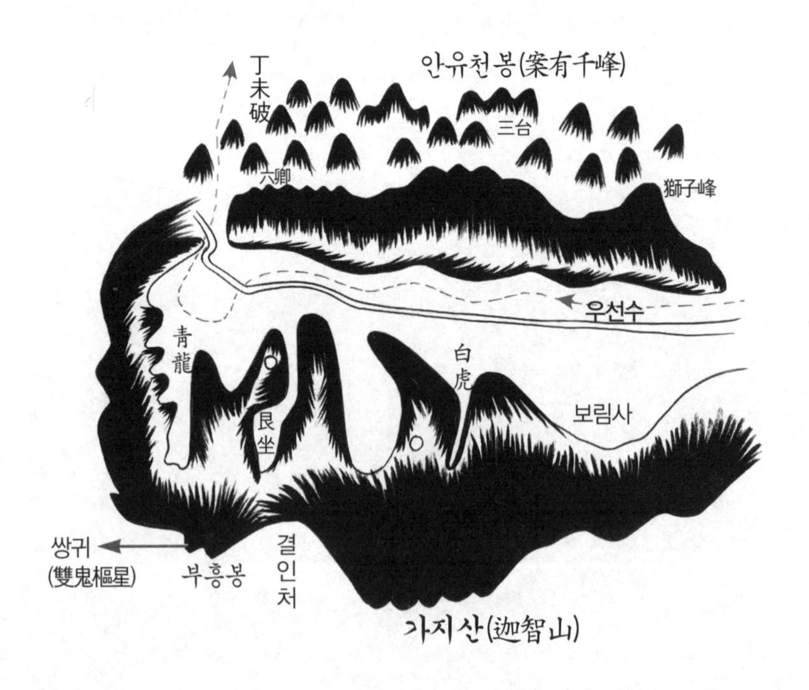

◉도선국사 비결

서쪽으로 재를 넘어 장흥지경 다다르니 구 산하 상제봉조(上帝奉朝) 배례(拜禮)

발 뉘였구나 육경(六卿)은 안(案)이 되고 삼태(三台)는 서에 있다.

쌍귀(雙鬼) 추성(樞星) 세운 곳에 혈재(穴在) 상취(上取)하였구나.

육조신하(六朝臣下) 옹위하니 군왕까지 되었구나.

이 산(山) 주인 찾아보니 연정(延丁)의 귀물이라

이후 백년 내에 우연히 쓸 것이니 하늘이 주신지라 뉘라서 말리리오.

◉남사고선생 비결

장흥 북 오십리 군왕대좌형 군신안(群臣案) 건해지룡(乾亥之龍)

간진갑맥(艮辰甲脈) 혈재포중(穴在抱中) 안유천봉(案有千峰)

용삼호사(龍三虎四) 좌유영천(左有靈泉) 인부수면(印浮水面)

개재호두(蓋在虎頭) 고열오호(鼓列五戶) 발복장구(發福長久)

도선국사 『유산록』에 기록된 명혈 중에서도 비교적 많은 특색을 기록해 놓았기 때문에 정성을 다하여 그 자리를 찾고 싶었다. 그러나 필자의 욕심이 너무 과해서 격암 남사고선생의 구천십장(九遷十葬)의 선례를 따를까 싶어 걱정이 되기도 했다.

본혈(本穴)은 도선국사 『유산록』 중에서 제일 많이 혈(穴)을 찾을 수 있는 특색을 알기 쉽게 열거해 놓았다. 그 실례를 들면 다음과 같다.

❶ 상제봉조(上帝奉朝) 배례(拜禮)발 뉘였구나 ☞ 육조신하(六朝臣下)가 조배(朝拜)를 올리는 대명당(大明堂)을 말함.

❷ 쌍귀(雙鬼) 추성(樞星) 세운 곳에 혈재(穴在) 상취(上取)하였구나 ☞ 두 개의 쭈뼛한 봉우리가 있고 혈은 높은 곳에 있다는 뜻.

❸ 육경(六卿)은 안(案)이 되고 ☞ 六卿이란 六朝臣下를 말함.

❹ 삼태(三台)는 서에 있다 ☞ 三台峰이 西方에 있다.

❺ 인부수면(印浮水面) ☞ 옥새(玉璽)가 물 가운데 있다는 뜻.

❻ 건해지룡(乾亥之龍) 간진갑맥(艮辰甲脈)

❼ 안유천봉(案有千峰) ☞ 案山에 수많은 산봉우리가 있다는 뜻

❽ 개재호두(蓋在虎頭) 고열오호(鼓列五戶) ☞ 백호의 첫 머리에 다섯 채의 집이 큰 북처럼 널려 있다는 뜻.

다만 한 가지, 그 혈(穴)의 주인이 연정(延丁)의 귀물이라고 『유산록』 해설에 기록되어 있으니 연안정씨의 자리라는 뜻인 것 같은데, 그 해석은 틀린 듯하다. 도선국사 『유산록』을 보면 오행(五行)으로 목성(木性) 또는 화성(火姓) 등의 뜻으로 표현되어 있기 때문에 延安丁氏의 연정이 아니라 화성(火姓)의 뜻인 염정(廉貞)을 잘못 옮겨 쓴 것 같다. 李氏, 鄭氏 등이 화성에 해당된다.

끝으로 좌유영천(左有靈泉)이란 말이 있는데, 혈(穴) 밑에서 보면 왼쪽(左有)이고 혈 위에서 보면 오른쪽이 되겠으나 여기서는 혈 아래에서 왼쪽인 보림사 대웅전 앞의 큰 영천이 유명하다.

필자는 위에 기록된 혈증(穴證)에 해당되는 10여 가지의 특징을 찾기 위해 50여 회의 답산이 필요했다. 그런 연후에 형기(形氣)와 이기(理氣)에 맞추고 제살을 범했는지 세밀히 확인 후 丁未破에 艮坐坤向 辛丑 分

金으로 장사(葬事)를 하였다. 45년이 지난 오늘 그 진부(眞否)와 화복(禍福)에 대해서는 아무도 확언할 수 없다. 적어도 그 묘를 쓴 후에 탄생한 필자의 손자나 증손자들을 지켜봐야 알 문제이다.

여기서는 단지 용사(用事)후 40여 년이 경과되니 자연환경〔이곳은 소나무 및 참나무가 무성〕의 변화로 묘전(墓前)을 감고 도는 하천 물의 유동〔流動=물 흐름〕이 전혀 보이지 않게 되었다. 이런 경우 주위 임야가 전부 남의 산(山)이기 때문에 벌목도 불가능하다. 여러 묘지 주위를 감정해 보면 이와 같은 예가 너무 많다.

이런 경우 어떻게 비보를 해야 될까? 중요한 문제이다. 이런 경우 풍수지리 이론상으로는 혈장(穴場)에서 흐르는 물〔미망수(微茫水)〕이 모여서 흐르는 곳을 破로 본다. 혈장 지면의 변동으로 혈장 내에서 흐르는 물〔微茫水〕이 한 곳으로 모이지 않고 사방(四方)으로 흩어지면 인위적으로 이기(理氣)에 맞는 방향으로 미망수가 모이도록 만들어서 그곳이 수구(水口)가 되도록 만들어야 한다. 그것이 바로 비보인 것이다.

그 약도를 그려 보면 다음과 같다〔앞 산도와 비교해서 볼 것〕.

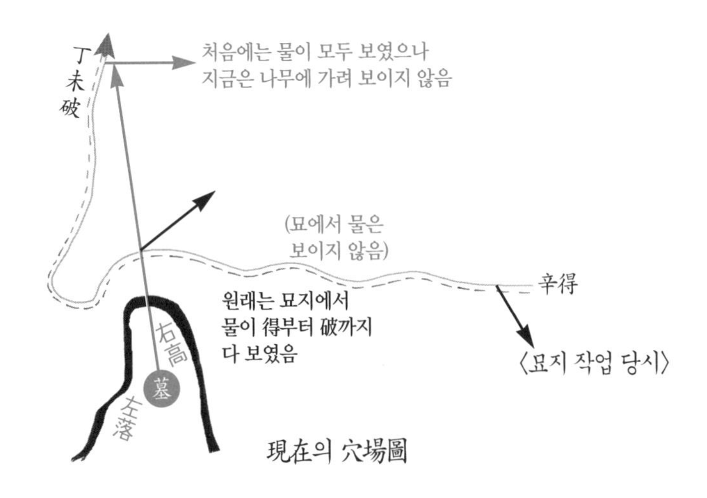

現在의 穴場圖

전남 화순군 남면 주암댐 상류에 제각(祭閣)까지 있는 서씨(徐氏) 문중 선산이 있었다. 앞에는 가깝게 하천이 흐르고 있었으며, 당시 수심(水深)이 낮아 壬坐丙向에 丙午破였다. 丙向에 丙午破라면 당문파(堂門破)이고 불범(不犯) 午자라 했다.

필자는 '우선수에 불범지지자(不犯地支字)하라' 는 뜻이 분명치 않아 항상 석연치 않았다. 좌선수라면 그 이론이 가능하지만 우선수라면 어떻게 지지字를 범하지 않고 천간(天干=여기서는 丙破)파가 될 수 있는가? 그 내용을 확실히 설명해 준 책이 없어 우선수에 당문파(堂門破)는 필자가 항상 꺼리는 破였다. 그러나 壬坐에 당문파인 丙午破는 '큰 부자나 귀인이 나며 자손이 흥왕하나 남자가 단명하고 젊은 과부가 우려된다' 고 했다. 결함이 없는 완전무결한 곳은 아니지만 이 근방 묘들이 거의 丙午破에 壬坐로 되어 있다.

그런데 주암댐이 완성되어 수면이 높아지고 주위 수목들은 정리되어 丙午破가 巽巳破로 변해 버렸다. 巽巳破에 壬坐丙向은 대황천파(大黃泉

破)이다. 근처에 선산을 가진 후손들은 피해를 입기 시작했다. 대표적인 墓가 서(徐)씨 문중이었다. 운영난으로 제각까지 합쳐서 돈 많은 하동(河東) 정(鄭)씨 문중으로 팔았다. 새 입조상들을 모셔야 할 정씨들은 필자에게 立向을 부탁했다. 문중 회장의 안내를 받아 현장을 자세히 답산한 결과, 앞에서 기록한 壬坐丙向을 피해 亥 입수 癸坐丁向으로 모셨다.

좌선룡(左旋龍) 우선수(右旋水)에 향상포태로 丙破요, 88향법으로는 정양향(正陽向)이며, 장생수법(長生水法)과 구성수법(九星水法)까지 모두 합법이니 자손과 재물이 왕(旺)하고 공명이 높으며 효자(孝子) 현량(賢良) 장수(將帥)가 기약되고 집집마다 발복하고 심지어는 외손(外孫)까지도 병발하니 길지(吉地) 중 최고의 길지에 해당되며 흉살(凶殺)도 전무했다.

이런 경우 다른 비보방법은 있을 수 없고 묘의 좌·향을 수구〔水口=破〕에 맞도록 새로 모시는 방법밖에 없다. 다만 새로 입향 시 다른 흉살(凶殺)의 유무(有無)를 세밀히 살펴야 한다. 만약에 흉살이 있으면 그에 대한 비보가 필요하다.

바로 좌측에 강○○ 원장님 선산도 정씨 선산과 똑같은 조건이었다. 증조부님부터 3대를 모셨는데 근처 선산 중 제일 좋은 길지이다.

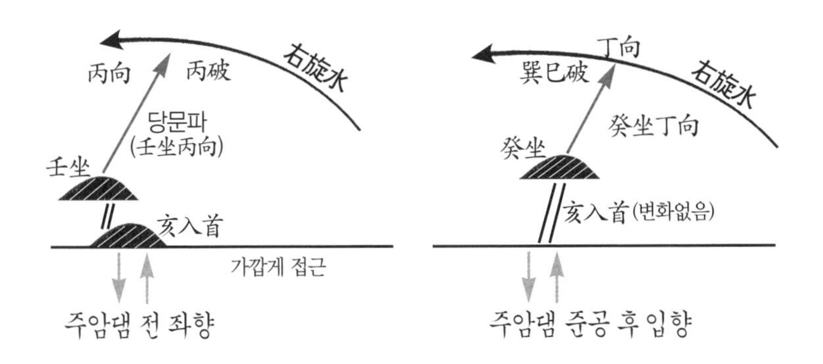

제3장 삼합혈三合穴이 나무에 가려진 사례

함평 무안 박회장이라는 조부님의 묘지를 예로 보도록 하겠다.

광주의 어느 지사(地師)가 제자의 초청을 받아 묘를 답사한 결과, 아주 흉하니 빨리 이장해야 한다고 겁을 주었다고 한다. 그 제자는 즉시 큰집 종가(宗家) 사촌형님께 그 내용을 고하고 빨리 이장해야 한다고 독촉을 했다. 직접 책임자인 종손이기에 큰 걱정이 생겼다. 이 친구 저 친구에게 걱정을 털어놓았는데, 그중 한 친구가 필자의 풍수모임 회원이었다. 필자는 그 회원의 요청으로 묘주의 안내를 받아 현지를 답산했다.

현장 부근을 세밀히 살펴보았는데 뇌두·선익사·순전·수맥 등 어느 한 가지도 결함이 없었다. 무엇이 좋지 않다고 했을까 하는 생각에 좀 더 자세히 살펴본 결과, 본 혈은 卯坐에 亥得 未破로 亥·卯·未 삼합혈(三合穴)이 분명했다. 이 묘는 상당한 실력자가 소점(所占)한 것 같았으나, 묘를 쓴 후 묘역 주위에 편백나무를 빽빽하게 심어 크게 자란 후라 물의 득(得)과 파(破)가 전혀 보이지 않으니 그 지사가 삼합혈을 알아보지 못한 것이었다.

◉비보방법

이런 경우 다른 비보방법이 없다. 혈장(穴場) 주위의 편백나무를 전부 베어 버리든지 아니면 간벌을 통해 得, 破가 확실하게 보이도록 해 주면 된다.

그런 내용을 자세히 알려주고 혈증(穴證)에 대해서도 일일이 설명해 주면서, 이처럼 좋은 길지(吉地)를 파묘(破墓)하면 오히려 큰 피해를 입게 된다고 말해 주었다. 그리고 지금까지 아무런 피해 없이 안심하고 그대로 모시게 되었으나, 이장을 고집했던 종제(從弟)만 오히려 자기 아버지를 그 산(山)의 윗부분으로 이장했다가 일 년도 못되어 다시 옮기는 등 계속 순탄치 못했다고 한다.

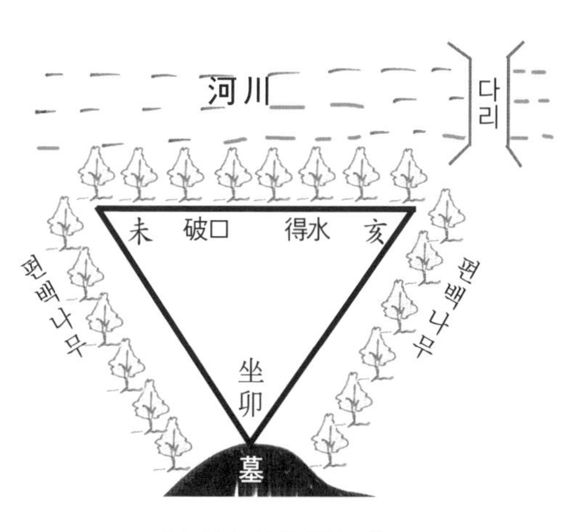

【묘역 근처의 상상도】

이 묘에서는 좌·우선수(左·右旋水)를 구별 못해 좌선수면 합법이지만 실제는 우선수이기 때문에 과당(過堂)도 못한 흉파(凶破)가 되었으니 그에 대한 비보가 필요하다.

다음은 묘의 바로 뒤에 있는 뇌두석(腦頭石)이 문제이다.

뇌두석이란 원래 30cm 이하 높이의 반월체(半月體)로 이루어진 주석(珠石)이어야 한다. 지상으로 떠 있는 부석은 뇌두가 아니며, 뇌두라고 해서 석골(石骨)로 지상(地上)으로 불거진 것만 있는 것이 아니라 주위의 흙보다 좀 강한 흙〔非石非土〕으로 뭉쳐져 주위보다 직경 1~2cm 정도 볼록한 돌기(突起)로 된 뇌두도 많이 있다.

이런 경우에는 현장〔形氣〕에 익숙하지 못하면 찾아내기 힘들다. 풀을 베어내고 눈을 땅 가까이에 대고 옆으로 어디가 볼록한지 세밀히 살펴야 한다.

이 묘에서는 뇌두석으로 1m 높이의 돌이 서 있는데, 이는 뇌두석으로는 너무 높아서 아름답지 못하고 대신 살기(殺氣)가 감돈다. 곧 참암살인 것이다. 이런 참암은 굴삭기로 뽑아 제거하거나 그도 불가능하면 묘를 옮겨야 된다.

이 묘의 내용을 자세히 설명하자면 다음 그림과 같다.

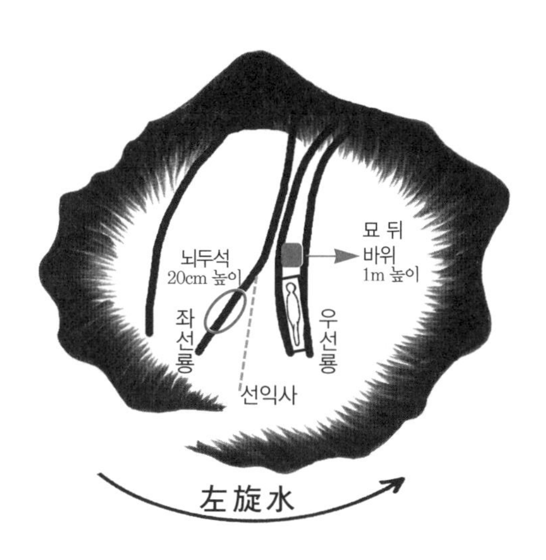

전남 영암군 내에 있는 어느 유지의 모친(母親) 묘(墓)이다.

당시에는 묘 앞에 저수지가 있었는데 午坐子向에 우선수(右旋水)이고 경유파(庚酉破)였다.

午坐에 庚酉破라면 향상포태법으로 욕(浴)파가 되어 길하며, 88향법으로도 역시 목욕소수파(沐浴消水破)로서 길하다. 당시에는 자손이 번성하고 부를 이루며 상당기간 세를 누렸다. 그러나 그 저수지의 물이 필요없게 되어 주민들이 합심해서 논으로 바꾸어 버린 후, 그 결과 수구(水口)가 乾亥破로 바뀌었다.

이런 경우는 앞에서 설명한 댐이 조성되어 수구가 변하는 경우(190페이지 참조)와 정반대이다.

午坐子向에 乾亥破가 되면 수법에 따라 약간의 차이는 있으나 적중률이 높은 향상포태수법(向上胞胎水法)에 있어서는 官破가 되어 대황천파(大黃泉破)로 크게 흉(凶)한 破이다.

※甲庚丙壬 子午卯酉 向에 있어서는 官破가 되면 大黃泉破가 되어 극히 흉한 破에 속한다. 이런 경우는 이장을 하여야 한다.

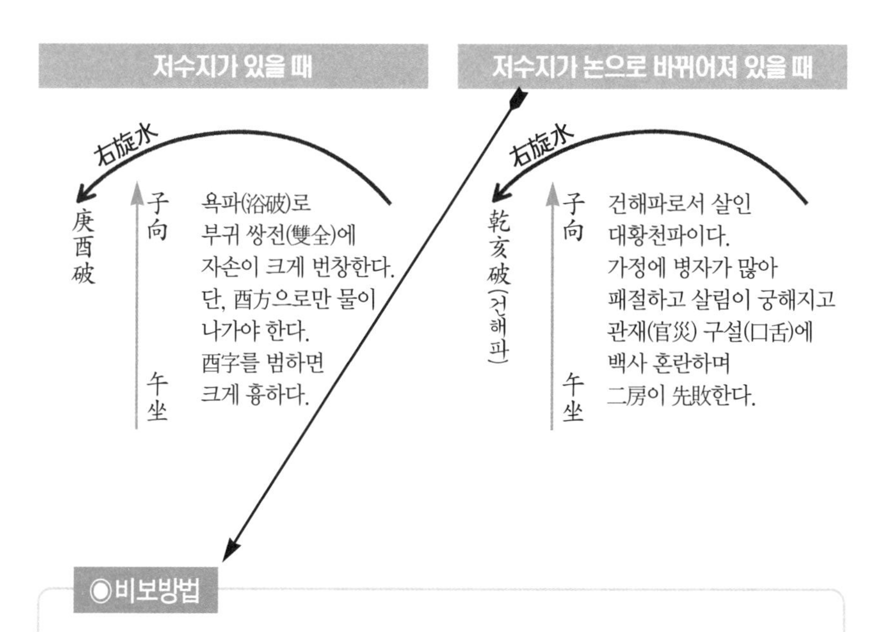

◎비보방법

丁未 坐로 바꾸면 좌선룡, 우선수로 맞고 병파(病破)가 되어 貴人丁財가 왕성하고 남녀 장수, 발복 영원, 三房이 先發한다.

전남 장성군 북하면 김모씨 조부님 墓이다. 우선수(右旋水)로 乾亥破에 丁坐癸向이다. 정확히 丁坐癸向이라면 乾亥破와 맞는 坐向이다. 그러나 손자 때 상당히 큰 피해가 있었다. 망명에 맞추기 위해 분금을 사용할 때 오류를 범한 것이라고 생각한다.

다음 그림을 위주로 설명하자면, 현장에서 세밀히 검토해 봐도 흉살도 없고 침수나 다른 병렴도 없을 것 같은데 인명과 재산 피해가 큰 것을 보면 분금의 오류로 보이나 분금 기록은 없으니 정확한 판단은 어렵다.

하지만 필자의 판단으로는 정침(正針) 丁坐의 丙午 分金을 사용했기 때문에 물을 보는 봉침(縫針)으로는 午坐가 되고 향상포태법(向上胞胎法)으로 午坐 乾亥破는 관파〔官破=大黃泉破〕가 되어 극히 흉한 것이다. 구빈양공(救貧楊公)의 설에 의하면 5년 내에 가산(家產)이 탕진되고 인명 피해까지 생기는 대흉살(大凶殺)이라고 했다.

甲庚丙壬 子午卯酉(陽)가 坐向이 되었을 때 향상포태(向上胞胎)로 돌려 관파(官破)가 되면 대황천파가 되는 것이니 크게 조심해야 한다.

특히 아래의 그림에서와 같이 좌향(坐向)과 득파(得破)의 관계를 살피기 위해서는 봉침(縫針)을 필히 써야 되기 때문에 천간좌(天干坐)의 경우는 우측(右側) 분금을 쓰면 안 된다는 것을 명심해야 된다.

【분금(分金) 사용법】

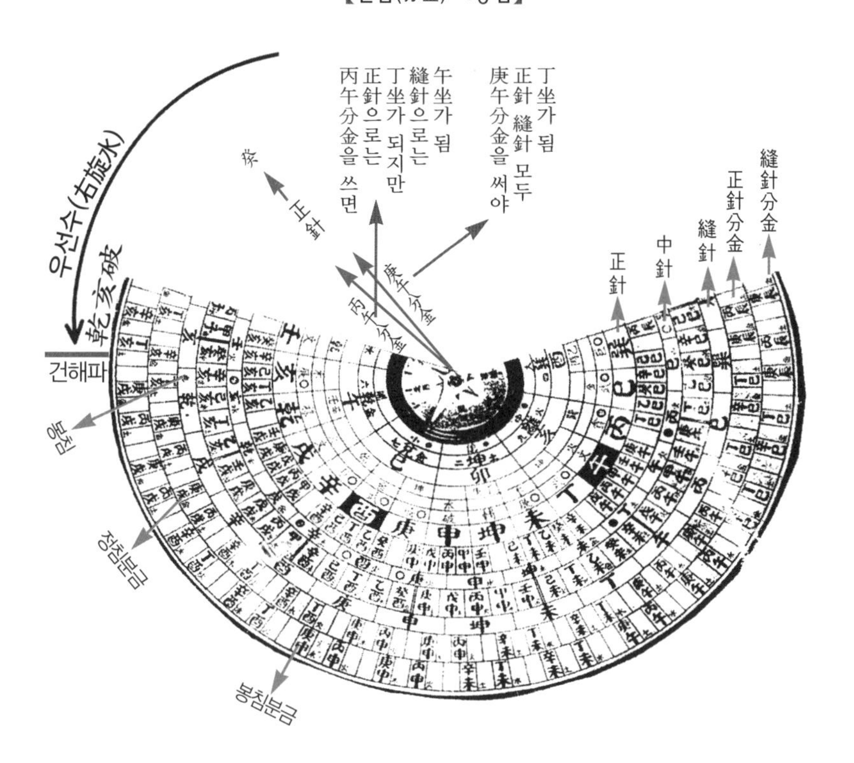

※天干坐의 경우는 좌측분금만 쓴다.
地支坐의 경우는 左右 분금 모두 亡命에 맞추기만 하면 된다.

입수와 좌향과의 관계, 〈용상팔살, 쌍금살〉 망명(亡命)과의 관계 등으로 관중법(串中法)을 사용할 때는 **예외**이다. 관중법〔24페이지 ③ 관중법에 대한 이해 참조〕에 대해서는 앞에서 설명했으니 참조 바람.

다른 묘를 자세히 살펴봐도 별다른 흉살이 없었고 후손들도 다른 이상 없이 고루 번창해 왔으니 필자의 생각이 옳다고 자신을 가져보지만 묘주(墓主)의 입장에서는 이해하기 어려운 난제이다.

필자의 입장에서는 지난 40여 년간이 풍수지리 연수기간이었고 오직 수도(修道)기간으로 생각하면서 인연을 중히 여기고 한 푼의 보수도 받지 않으며 탐욕을 부리지 않는 필자로서는, 이해하지 못하는 묘주에게 비보를 강권(强勸)할 수 없어 안타깝기만 했다.

제8부

혈장을 찾는 순서

❀ ❀ ❀

옛날부터 선사(先師)들이 지기(地氣)에 대해서 설명하기를, '용(龍)이 광(廣)이면 기(氣)는 약(弱)'이라 했다. 즉, 용이 넓게 평강룡(平岡龍)으로 내려와서 변화 없이 물을 털지 못한 자리에 묘를 쓰게 되면 틀림없이 건수(乾水)가 들기 마련이라 했다.

혈(穴)이란 원래 기(氣)가 뭉친 곳을 말하기 때문에 물이 들면 기(氣) 역시 뭉칠 수 없다. 그렇기에 옛부터 혈장(穴場)이 조성(造成)되려면 첫째, 입수룡(入首龍)이 삼분삼합(三分三合)되어야 한다. 세 번 결인(結咽)이 되어 물을 털고 그 물이 다시 합쳐지는 것을 말한다.

따라서 혈이 생긴 본신룡(本身龍)을 찾으려면 산 앞에서 산 전체를 건너다보고 물과 배합(配合)이 잘 되어 있는지〔右旋水면 左旋龍, 左旋水면 右旋龍이어야 된다〕 자세히 살펴본다.

다음은 옆에 용이 더 높고 청룡과 백호의 역할을 잘하고 있는지 확인해서 그러한 여건(與件)을 갖추고 있는 용을 찾아 본신룡(本身龍)으로 정한다. 그리고 그 본신룡이 기복〔起伏=起는 봉우리, 伏은 짤록한 결인처〕이 두 번 이상 이루어졌는지 확인한다.

산 앞에서는 전체를 건너다보고 본신룡(本身龍)을 찾았으면 본신룡 밑에서부터 용을 타고 올라가면서 혈장의 구조를 갖춘 곳을 찾는다.

❶ 뇌두(腦頭)가 확실해야 되는데 뇌두는 30cm 정도의 반월체(半月體) 모양으로 생긴 부석(浮石)이 아닌 것이 길격(吉格)이며, 돌이 아니고 강한 흙으로 뇌두를 이루는 곳도 있다.

❷ 뇌두 밑으로 선익사(蟬翼砂)가 있어야 진(眞)인데 선익사 역시 뇌두 밑 양쪽으로 석골(石骨)로 이루어진 곳이 있고 흙 속에서 좀 강한 흙으로 이루어진 곳이 있어 이를 암익사(暗翼砂)라 하며 찾아내기가 힘들다. 그 선익사 밑에는 순전(脣氈)이 있어 내려오는 지기(地氣)를 더 못 내려가게〔멈추게〕 하는 역할을 한다. 경사가 좀 있는 곳은 특히 큰 바위 같은 순전이 있어야 한다.

❸ 뇌두 선익사 순전의 사이에는 원훈(圓暈)이 두툼하게 있어야 된다. 원훈은 곧 기가 뭉친 혈(穴)이다. 혈장이란 뇌두와 순전 사이를 말한다. 뇌두는 오행(五行)으로 金이요 선익사, 순전은 木이요 가운데 원훈은 土요 선익사와 원훈 사이에 미곡(微谷)이 생기는데 水라 하며 모두가 眞이면 땅 속에 따뜻한 지열(地熱)이 올라오기 때문에 난화(煖火)라 한다.

이와 같이 **뇌두**〔㊎〕**혈장**, **미곡**〔㊌〕, **선익사와 순전**〔㊍〕, **지온**〔地溫=㊋〕, **혈토**〔㊏〕 등 다섯 가지 오행이 모두 진(眞)이면 이를 혈장오진(穴場五眞)이라고 한다.

뇌두인 金부터 ① 金生水 ② 水生木 ③ 木生火 ④ 火生土로 끝나기 때문에 마지막 토〔穴土〕가 眞인지의 여부를 확인하기 위해서는 장사(葬事) 전일에 천광(穿壙)을 하여 穴土의 진가(眞假)를 가려야 된다. 혈장오진 중 穴土를 제외한 네 가지는 바로 육안(肉眼)으로 확인할 수 있지만 穴土는 천광을 해보기 전에는 100% 장담하지 못한다. 일반 지사(地師)들 대부분이 그다지 형기(形氣)나 이기(理氣)에 숙달되어 있지도 않으면서 穴土를 확인해 보지 않고 당일치기로 묘사(墓事)를 해 버리는 경우가 있는데 이는 크게 잘못하는 일이다.

최근에는 2~3백평 정도의 한정된 좁은 땅에서 길지(吉地)를 잡아달라고 하는 일이 많은데 이때가 제일 난처하다. 왜냐하면 이런 경우는 특히 각종 흉살(凶殺)과 병렴을 피해서 무해지지(無害之地)라도 될 수 있도록 각별한 노력이 필요하기 때문이다.

풍수지리학에서 명당을 설명하는 옛 선사(先師)들은 거의 일치되게 다음과 같이 설명하고 있다. 풍수지리의 목적은 명당을 얻기 위함이요 명당이란 기(氣)가 뭉칠 수 있는 곳을 말한다.

1. 첫째 형기(形氣)상으로는 어떻게 생겨야 生氣가 뭉친다는 것을 깨달으면 백 권의 책을 읽는 것보다 빨리 풍수지리의 핵심을 파악할 수 있다고 했다.
2. 도선국사는 穴場이 고루 氣가 뭉칠 수 있는 형기(形氣)상 조건을 갖추었다면 이기(理氣)상으로는 자연히 맞도록 되어 있다고 했다.

따라서 필자의 경험으로 형기(形氣)는 오감각(五感覺)으로 확인이 가능한 과학적 내용이기 때문에 선사들이 말한 취기(聚氣=기가 뭉친 곳)처를 찾은 다음, 요령을 체득(體得)하는 것이 명당을 찾기 위한 가장 빠른 길이라 믿는다.

① 취기처聚氣處 =기가 뭉친 곳를 찾는 요령

수맥(水脈)에 대해서는 세계 과학자들이 여러 가지 첨단기계를 이용해 수심(水深), 수량(水量), 수맥(水脈)의 통로, 누수(漏水) 등을 탐지한다. 하지만 땅 속의 기(氣)를 정확히 측정할 수 있는 기구는 아직도 없는 것 같다. 그런데도 많은 지사(地師)들이 기맥봉·수맥봉·엘로드·추 등으로 지맥(地脈)이나 기맥(氣脈)까지도 정확히 잴 수 있다고 장담한다. 그러나 선사들의 형기(形氣)에 의한 측정은 우리 눈으로 확인할 수 있기 때문에 훨씬 과학적이라고 할 수 있다.

최첨단 과학시대인 21세기에 수백 년 전에도 하지 않았던 비과학적인 방법, 즉 사찰(寺刹) 등에서 발행한 부적〔그것도 복사본〕 또는 도자기 등을 관(棺) 밑이나 옆에 묻으면 수맥 및 지전류(地電流) 등을 차단해 주고 지기(地氣)도 취합(聚合)할 수 있다고 하면서 많은 돈을 받고 있는 지사(地師)나 스님들이 있다. 이는 우리 풍수지리학계가 얼마나 혼탁(混濁)하고 비과학적이며 비양심적인지를 나타내는 사례로써 참으로 한심스러운 일이다.

하기야 세상이 혼탁하니 이와 같은 일들이 생긴 것 같다. 그리고 신성해야 할 종교계에서도 10원짜리 소금물 한 잔 정도로 관장을 해 주면 암이 치료된다고 1인당 120만원 정도의 치료비를 수천 명한테서 받아 챙긴 목사 부부 같은 예도 있으니, 그에 비하면 풍수지리학계의 비리는 좀 더 약하다고 볼 수 있을까?

그러나 21세기 초과학시대에 옛날의 풍수지리학계보다 훨씬 비과학적인 수법으로 선량한 효심(孝心)을 멍들게 하고 있는 것 같다. 필자의 조부님께서는 장손인 필자에게 항상 "당한 사람보다 피해를 준 당사자인 지사 또는 자기를 닮은 차세대들이 훨씬 큰 죄를 받게 된다"고 말씀하셨다. 필자는 그 말씀을 평생 동안 간직하고 지켜 왔다. 따라서 필자의 후손들은 필자가 풍수지리를 용사(用事)했던 일로 인해서 죄를 받지는 않을 것으로 확신한다.

가. 기氣가 뭉친 곳의 형기적形氣的 특징

선사들의 지기(地氣)에 대한 설명은 거의 공통적이다. 그런데 특이한 것은 현대 지사(地師)들의 취기론(聚氣論)이 우리 오감을 통해 확인되고 좀 더 과학적으로 발전되어야 함에도 불구하고 반대로 비과학적인 방법과 도구(道具=엘로드 등)를 이용해 취기처를 찾아낸다는 것은 참으로 이상한 일이다. 확인이 안 되는 방법이기 때문에 유행적으로 보급되고 있으며 도구를 비싸게 팔아먹기 위해 여러 가지 사기성 방법으로 보급시키고 있으나 이런 짓들은 얼마 못가서 자취를 감추게 될 것이다.

선사들이 제시한 형기(形氣)에 의한 취기론을 철저히 공부한 사람이 엘로드(기맥봉) 등을 이용해 취기처를 잡는다면 적중률이 높을 수 있다고 본다. 이는 형기에 의한 취기론으로 철저히 무장하고 있기 때문에 자기(自己) 심령(心靈)이 정확하게 엘로드 등으로 작동하기 때문이다. 그러므로 엘로드 등의 기구를 통해 취기처를 찾는 방법을 연구하려면 먼저 형기에 의한 방법부터 배워야 한다.

그 내용은 다음과 같다,

❶ 『청오경(靑烏經)』은 연대미상의 청오자가 쓴 가장 오래된 풍수(風水)의

고전(古典)이며, 『금낭경』은 곽박(郭璞, 276~324)이 『청오경』에 주석을 달고 가필(加筆)한 풍수고전이다. 한(漢)나라 임금이 비단주머니에 넣어서 극비밀리에 보관하였다고 해서 붙여진 이름이다.

❷ 《기감편(氣感篇)》에 〈장자승생기야(葬者乘生氣也)〉라 하였다. 장사(葬事)란 땅 속 생기(生氣) 위에 시체를 모시는 것이라 했다. 따라서 땅 속에 묻힌 유골(遺骨)이 땅 속의 생기를 받으면 그 영향이 유골인자(遺骨因子)로부터 인자가 같은 후손들에게 전달되어 음덕(蔭德)을 받게 된다는 것이다. 그만큼 땅 속의 생기(生氣)는 소중하다는 말이다.

나. 기氣는 바람을 받으면 흩어져 버린다

기(氣)가 뭉친 명당이 되기 위해서는 주산(主山)·청룡(靑龍)·백호(白虎)·안산(案山)·조산(朝山)이 함(陷)하거나 끊어진 곳이 한 군데도 없이 다정하게 감싸주어야 된다. 그렇지 못하고 요함(凹陷)한 곳이나 잘린 곳이 한 군데라도 있으면 장풍(藏風)이 안 되고 바람 때문에 기(氣)가 흩어져 버리고 한 군데로 뭉치지 못한다.

◉비보방법

그 [陷한 곳] 방향으로 사철나무, 동백, 편백나무 등을 밀식(密植)하여 바람을 막아 주어야 한다. 많은 지사들이 바람 없는 날 답산(踏山)하여 요함(凹陷)한 곳이 있어도 상관하지 않고 재혈하는 경우들이 많으나 절대로 해서는 안 될 일이니 장사 후에라도 비보를 해 주어야 한다.

② 기氣는 물을 만나면 곧 멈춘다

물로 인해서 피해를 입게 되는 종류는 많다.

가. **건수**乾水

나. **직사수**直射水

다. **직거수**直去水

라. **수맥에 의한 지하수**

마. **계곡수**溪谷水

바. **농용수**農用水

가. **건수**乾水

용(龍)의 넓이가 10m 이상 넓어 평강룡으로 경사도가 낮아 비가 오면 땅 속으로 빗물이 많이 스며들어 갈 때를 건수(乾水)라고 한다. 이런 곳에 묘를 쓰면 유해(遺骸)가 빨리 부패되어 유골인자(遺骨因子)가 빨리 없어지고 자손들에게 해롭다.

◉비보방법

이와 같은 사실이 뒤늦게라도 확인되면 묘지 뒤에 결인처를 만들어 배수(排水)가 잘 되도록 하는 비보가 필요하다. 혈장 내에도 혈처(穴處)를 20cm 정도 높이고 주위[蟬翼砂]를 낮게 하여 배수가 잘 되도록 해 주어야 침수 피해를 예방할 수 있다.

나. 다. 직사수直射水 직거수直去水

직사수, 직거수는 묘를 향해 직선(直線)으로 찌르고 들어오거나 반대로 직선으로 빠져나가는 물을 말한다. 물은 재산과 직결(直結)되기 때문에 직사(直射) 또는 직거(直去)하는 물의 양과 속도에 따라 피해의 차이도 생긴다.

◉비보방법

그 방향으로 상록수를 밀식(密植)하여 그 물이 보이지 않도록 해 주거나 수로(水路)의 방향을 바꿔주는 방법도 있다.

라. 수맥水脈에 의한 지하수

수맥에 의한 지하수는 인위적으로 비보하기가 극히 어렵다. 본신룡(本身龍)이 두 번 이상 기복(起伏) 결인하고 두 번 이상 굴곡(屈曲) 박환하면 특별한 경우를 제외하고 지하수는 피할 수 있다. 따라서 본신룡이 기복과 굴곡을 되풀이하면서 힘차게 내려오면 지하수는 안심해도 된다.

마. 계곡수溪谷水

계곡이란 산의 골짜기를 말하는 것으로, 산에 가면 크고 작은 계곡이 있다. 그러한 골짜기가 묘지를 향해서 내려오면 일괄 곡살(谷殺)이라고 한다. 골짜기는 함(陷)한 곳이어서 이 곡살은 풍살(風殺)과 수살(水殺)을 겸하기 때문에 장사(葬事) 시 두루 잘 살펴서 피해야 한다.

◉비보방법

지관들의 부주의로 곡살(谷殺)을 범했다면 이장을 하던가, 그 방향으로 상록수를 밀식(密植)하여 가려주는 방법밖에 없다.

바. 농용수 農用水

경지 정리시 수로(水路)를 새로 만들어 그 수로가 어느 묘 앞에서 직거수(直去水) 또는 직사수(直射水)로 흐르게 되면 주로 재산상 크게 해(害)를 볼 수가 있다. 보통 이런 수살(水殺)들이 별 것 아닌 것으로 생각하기 쉽지만 알고 보면 후손들에게 여러 가지로 피해를 주는 것이다. 알맞은 비보방법을 택해 피해를 예방해야 한다.

◉비보방법

이런 경우 앞에서도 설명했지만 상록수로 물이 안 보이도록 밀식(密植)해서 가려 주던지 이장하는 방법뿐이다.

제3장 이기理氣에 의한 6가지 대흉살大凶殺을 쉽게 찾는 방법

풍수지리에서 말하는 수많은 살(殺) 중에서 이법(理法)에 의한 흉살은 눈으로 확인할 수 있는 형기(形氣)에 의한 흉살보다 찾아내기 어렵기 때문에 일반 지사들이 별로 관심을 갖지 않거나 모르고 용사(用事)하기 쉽다. 자손들에게 큰 피해를 주는 6대 흉살을 쉽게 찾는 방법과 그에 대한 비보방법을 자세히 설명하려 한다.

첫째 수구〔水口=波〕와 묘(墓)의 향(向)과의 나쁜 관계이다. 즉, 墓向에 대한 가장 나쁜 영향을 주는 水口를 **살인대황천파**(殺人大黃泉破)라고 하며 이 흉살(凶殺)을 범하면 자손들이 큰 피해를 당한다. 그 다음은 **소황천파**(小黃泉波)이다.

둘째 묘(墓) 향(向)과 득(得)과의 관계에서 가장 나쁜 득(得)은 **팔요황천득**(八曜黃泉得)과 **팔로사로황천득**(八路四路黃泉得) 두 가지가 있다.

셋째 다음은 입수(入首)와 향(向)과의 관계에 있어 **용상팔살**(龍上八殺)과 **쌍금살**(雙金殺) 두 가지가 있다.

이와 같은 6가지 흉살(凶殺)들을 찾기 쉽게 자세히 설명하자면 다음과 같다.

❶ 살인대황천파殺人大黃泉破

묘(墓) 향(向) 중 甲·庚·丙·壬·子·午·卯·酉〔長生水法에서 양왕향(陽旺向)이라고 함〕에 있어서는 향상포태법(向上胞胎法)으로 돌려 관파(官破)에 해당되면 대황천파에 속한다.

❷ 소황천파小黃泉破

乙·辛·丁·癸·辰·戌·丑·未〔四庫藏=長生水法에서 음쇠향(陰衰向)이라고 함〕向에 있어서는 향상포태로 돌려 사파(死破)에 해당되면 소황천파에 해당되는 흉살(凶殺)이다.

❸ 팔요황천득八曜黃泉得

득수(得水) 중 팔로사로황천수와 함께 가장 나쁜 흉살로 장사(葬事) 시 반드시 확인해야 된다. 쉽게 찾는 방법은 4층 정침(正針)으로 坎卦〔壬子癸〕坐이면 나경 1층에 기록되어 있는 辰〔土〕方이 팔요황천방이다〔**다음 도표 참조**〕. 따라서 황천방에서 득수가 되거나 그쪽이 낮아서 살풍(殺風)이 불어오면 팔요황천수 또는 팔요황천풍이라 하여 자손이 상하거나 손재를 면하기 어렵다.

❹ 팔로사로황천방八路四路黃泉方

나경만 있으면 현장에서 쉽게 찾는 방법이 있다.

나경 4층에서 甲·庚·丙·壬向은 바로 좌측 천간이며, 乙·辛·丁·癸向은 우측 천간이며, 乾·坤·艮·巽 向은 바로 옆 좌·우 두 개의 천간이 팔로사로황천방이다. 그 황천방에서 득수가 되거나 살풍이 불어오면 자손이 상하거나 손재를 피하기 어렵다.

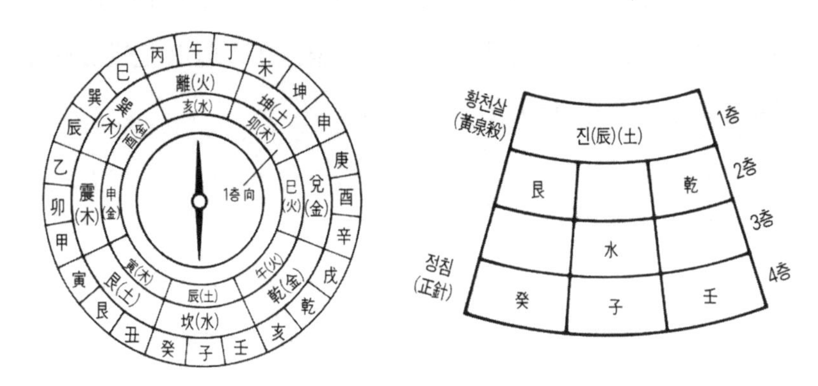

물의 방위는 나경 8층 봉침으로 본다

팔로사로황천의 상호관계도(나경 2층과 4층)

나경 4층 (正針)	甲	庚	丙	壬	乙	辛	丁	癸	巽	乾	艮	坤	➜ 墓向
	↓	↓	↓	↓	↓	↓	↓	↓	↓	↓	↓	↓	
나경 2층	艮	坤	巽	乾	巽	乾	坤	艮	乙	辛	甲	丁	➜ 黃泉殺
									丙	壬	癸	庚	

⑤ 용상팔살龍上八殺

다음 그림처럼 나경을 이용하면 찾기가 쉽다. 나경 4층 정침(正針)을 보면 팔괘(八卦)로 나누어져 있는데, 예를 들면 坎卦〔壬子癸〕로 입수가 되면 나경 1층 辰向이 해당된다. 감괘(坎卦)는 水요, 辰向은 土이기 때문에 土克水가 되어 상극이 되므로 극히 흉(凶)한 살(殺)이 된다. 이를 용상팔살이라고 한다〔**龍上八殺圖** 참조〕.

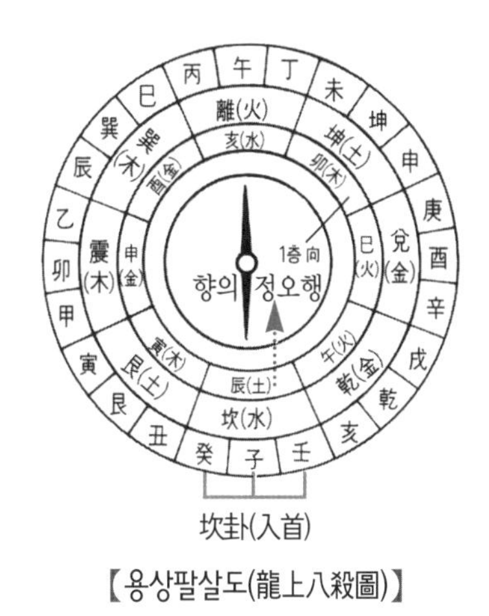

【용상팔살도(龍上八殺圖)】

필자의 오랜 경험에 의하면 이기상 여섯 가지 흉살 중에서도 용상팔살과 대황천파 두 가지가 제일 빠르게 큰 피해가 나타나는 대흉살(大凶殺)이니 장사(葬事) 시에 각별히 조심해야 한다.

⑥ 쌍금살雙金殺

사고장룡(四庫藏龍)인 乙辰龍·辛戌龍·癸丑龍·丁未龍이 길고 곧게 내려오는 용의 끝에 乙辰龍 밑에 巽坐, 辛戌龍 밑에 乾坐, 癸丑龍 밑에 艮坐, 丁未龍 밑에 坤坐를 쓰게 되면 쌍금살에 해당된다. 그러나 사고장룡이라도 짧으면 상관없으나 사고장룡 중에서도 癸丑龍과 辛戌龍 두 가지 용은 옛날부터 절손룡(絕孫龍)이라고 하여 모두 꺼려 왔던 龍이니 조심할 필요가 있다.

癸丑龍과 辛戌龍이 수십미터나 길고 곧게 내려온 데다 坐向을 잘못 선택해서 쌍금살에 해당되면 후손이 끊기고 가산이 없어지기도 한다.

이상과 같이 물의 파(破)와 묘(墓)의 향(向)과의 관계에서 두 가지, 득수와 관계에서 두 가지, 입수와 좌향과의 관계에서 두 가지 등 모두 여섯 가지 흉살이 제일 위험한 흉살이다. 이상은 이기(理氣)에 관한 흉살이기 때문에 특히 세밀하게 살펴야 한다.

따라서 장사(葬事) 시에는 앞에서 설명한 여섯 가지 흉살은 피해야 하며, 흉살은 눈으로 보이지 않기 때문에 이해를 못하거나 무관심 또는 무지(無知)한 지관이 오류(誤謬)를 범했다면 속히 조치를 해야 한다.

망인(亡人)의 안위(安危)는 형기(形氣)에 의함이요, 자손(子孫)의 화복(禍福)은 이기(理氣)에 의함이라 했으니 理氣에 의한 여섯 가지 흉살을 범했다면 자손들의 禍福은 결정적 타격을 입게 되니 그런 경우는 속히 비보를 해 주던지 이장이나 화장(火葬)을 해야 한다.

1 대황천파大黃泉破

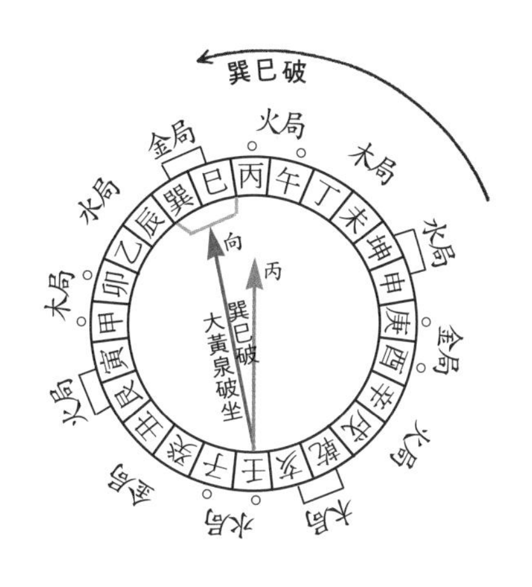

壬坐나 子坐에 巽巳破가 되면 대황천파가 된다. 甲·庚·丙·壬·子·午·卯·酉 向인 경우, 향상포태로 돌려 官破에 해당되는 곳이 대황천파가 된다. 즉, 壬坐의 경우 向은 丙向이기 때문에 향상포태로 艮·丙·辛·寅·午·戌向은 火局이기 때문에 乾亥에서 기포(起胞)하여 순선하면 다음 국(局)인 水局에 해당되는 巽巳破가 官破가 되어 대황천파에 해당된다.

이러한 흉살에 대한 비보방법은 간단하지가 않다. 만약 巽巳方의 물〔破〕이 안 보이게 상록수 등으로 가려준다면 丙午破가 되어 그도 당문파가 되어 좋지 않다.

◉비보방법

그렇기 때문에 墓를 다시 쓰는 방법뿐이다. 파(破)는 바꾸기 어려우니 향(向)을 살짝만 우(右)로 돌려 바로 옆에 있는 丁未向으로 돌리면 丑坐未向으로 되어 88向法으로 正養向이 되고 녹마귀인파가 되어 자손과 재물이 왕하고 공명이 높고 충효현량(忠孝賢良)에 장수하며 외손에게까지도 발복하는 최고의 吉向이 된다.

대황천파 등 흉살을 머릿속에 기억해 두는 방법이 가장 좋으나 어려우면 조견표를 보면서 쉽게 찾는 방법이 있다.

즉, 24좌향 중 천간과 지지는 쌍산합궁(雙山合宮=甲(天干) 卯(地支) : 甲卯는 하나로 본다는 뜻)이기 때문에 12간지 중 대황천파는 네 개뿐이다. 그 네 개를 기억하는 방법은 甲·庚·丙·壬向이면 바로 좌측(앞 그림 참조) 즉, 甲卯向이면 바로 좌측 艮寅破가 대황천파이고 庚酉向은 좌측 坤申破요, 丙午向은 좌측 巽巳破요, 壬子向은 그 좌측 乾亥破가 대황천파이니 甲·庚·丙·壬 네 곳만 기억해 두면 네 개의 황천파는 확실히 기억해 둘 수가 있다.

여기서는 이치를 깨닫게 하기 위해 좀 길게 설명했지만 따지고 보면 甲·庚·丙·壬 네 글자만 기억해 두면 대황천파는 범하지 않을 것이다.

② 소황천파小黃泉破

乙·辛·丁·癸 네 글자만 기억해 두면 된다.

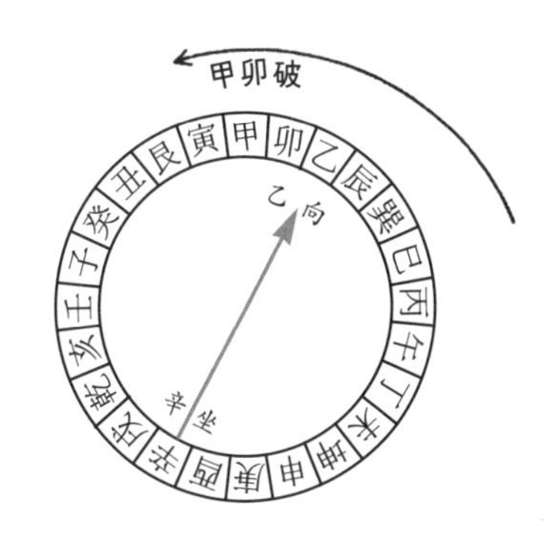

즉, 乙向의 경우는 바로 좌측 甲卯破가 소황천파이다. 그리고 辛向의 경우는 庚酉破요, 癸向의 경우는 壬子破가 소황천파이다.

좀 더 자세히 살펴보면 乾亥破·坤申破·艮寅破·巽巳破, 즉 쉽게 하면 乾·坤·艮·巽破가 될 때 甲·庚·丙·壬向을 쓰면 대황천파가 되고 甲·庚·丙·壬 破에서는 乙·辛·丁·癸向(지지표 참고)을 쓰면 소황천파가 되는 것도 알 수 있다.

소황천파도 묘(墓)가 높게 있어 묘에서 물의 흐름이 확실히 선명하게 보일 때는 파구(破口)도 확실하기 때문에 피해도 크다.

◎비보방법

소황천파의 경우도 뚜렷한 비보방법은 없다.

파묘를 하면 庚坐甲向이나 酉坐卯向으로 바꾸되 좌선수(左旋水)면 지지(地支)는 범하지 않을 수 있으나 과당(過堂)을 못하고, 우선수(右旋水)면 불범지지(不犯地支)가 불가능하니 원래 선견수구[先見水口=먼저 破를 보라]하라 했는데 甲卯破가 되면 묘(墓) 자리로서는 부적합하다고 봐야 된다.

먼저 수구를 정확히 확인하여 甲卯破·庚酉破·丙午破·壬子破가 되면 입향(立向)에 더 신경을 써야 한다. 즉, 甲·庚·丙·壬은 破가 되면 좋지 않고 龍이 되면 좋다. 乙·辛·丁·癸는 破가 되면 좋고 龍이 되면 좋지 않다. 그런 이치로 알아 두어야 심혈[尋穴=혈을 찾는 일]에 도움이 된다.

③ 팔요황천득八曜黃泉得

우리가 여섯 가지 이기상(理氣上) 살(殺)의 유·무를 볼 때 나경의 1층에 기록된 8괘와 4층 정침(正針)이 제일 중요한 역할을 한다. 팔요황천득도 1층에 기록된 방위가 오행(五行)으로 입수 또는 좌향을 극(克)하면 황천방이 된다. 그 황천방에서 득수(得水)가 되면 팔요황천수요, 그곳이 낮아서 바람이 세게 불어 들어오면 팔요황천풍이라 하여 후손들에게 상당한 피해를 준다.

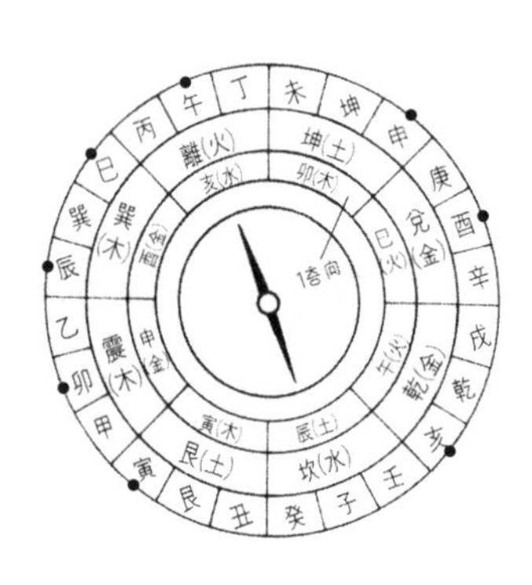

예를 들면 4층 坎卦(壬子癸)坐에는 나경 1층에 기록된 辰方이 土이고, 4층 坎卦는 水이기 때문에 토극수(土克水)가 되어 辰(土)방은 壬坐·子坐·癸坐(坎卦坐)에 대한 황천방이 된다.

황천득과 황천방을 무시해 버리는 지관들이 있는데 나경에까지 기록된 흉살을 무시해 버린다면 이는 크게 잘못된 일이며, 그로 인한 피해는 어떻게 할 것인가?

나경 4층 坎卦(壬·子·癸坐=水)의 경우 辰方에서 득수(得水)가 되면 득수방 辰(土)이 坐(坎卦=水)를 克(土克水)하므로 그곳이 황천방이 된다. 그 황천방을 찾는 방법은 나경 1층과 4층에 정확히 기록되어 있으니 나경을 볼 줄 아는 사람이면 누구나 쉽게 찾을 수 있다.

따라서 辰方이 황천방이니 그 방향에 상록수를 밀식하여 가려주고 다음 巳得이 되도록 해 주면 巳는 火이기 때문에 坐를 극하지 않아서 상관이 없게 된다.

그러나 丑·艮·寅坐의 경우 寅方이 황천방이 되나 실제로 이런 경우는 없다. 다음 甲·卯·乙·辰卦〔木〕 坐에는 申方〔金〕이 金克木〔득수방이 좌를 극(克)하기 때문〕이 되기 때문에 황천방이 된다.

◉비보방법

장사(葬事) 시에 寅坐申向을 피해서 입향을 하는 것이 첫째요, 申方이 황천방인 줄 모르고 葬事를 해 버렸다면 속히 이장을 해야 된다.

④ 팔로사로황천득八路四路黃泉得

앞에서 나경만 있으면 팔로사로방을 쉽게 찾는 방법을 설명했으나 그 비보방법은 장사(葬事) 시 황천방을 피해서 입향(立向)을 하는 것이 제일 좋지만 모르고 범했다면 다음과 같은 비보가 필요하다.

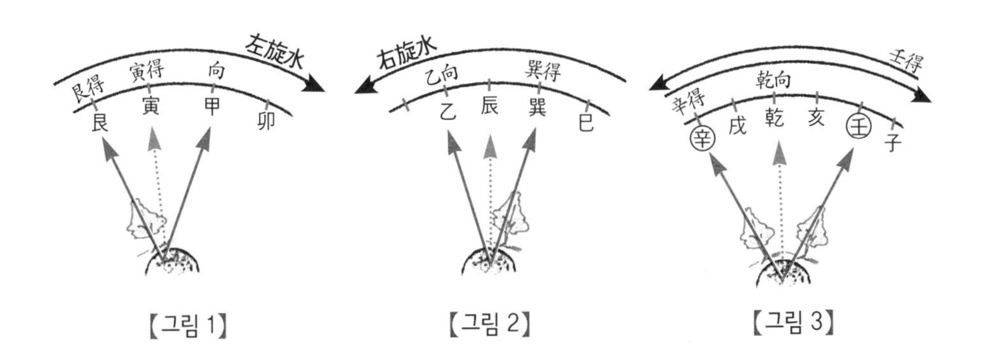

【그림 1】 【그림 2】 【그림 3】

◎비보방법

甲·庚·丙·壬 向은 좌측 천간황천살은 天干이니까 좌선수(左旋水)이다. 따라서 甲向이면 좌측 천간 艮方에 상록수를 심어 가리고 寅方에서 得이 되도록 하고(그림 1), 우선수 乙向 巽得이면 巽方에 상록수를 심어 가리고 辰方에서 得이 되도록 하고(그림 2), 乾向이며 左旋水의 경우 辛得과 右旋水의 경우 壬得이 각각 황천방이 되기 때문에 辛方과 壬方에 상록수를 심어 戌得[左旋水]과 亥得[右旋水](그림 3)이 되도록 해야 황천살을 피할 수 있다.

지금까지 팔요황천살과 팔로사로황천살에 대해서 나경을 통해 찾아내고 기억하는 방법, 장사(葬事) 시에 예방하는 방법, 殺을 범했을 때 할 수 있는 비보방법에 대해서 논의했으나 실제적으로 해당되는 실례는 그다지 많지 않다. 그러나 나경에까지 기록되어 있는 흉살이고, 예방하기 어려운 내용도 아니니 葬事 시 각종 殺의 유무(有無)를 잘 살펴야 한다.

⑤ 용상팔살龍上八殺

용상팔살 역시 앞에서 대략 설명했다(214페이지 참조). 24向을 8卦로 나누었을 때 입수나 좌향에 해당되는 8괘(八卦), 정오행(正五行)이 입수나 坐를 극(克)했을 때 용상팔살에 해당된다. 이 역시 나경 1층과 4층에 명시되어 있으니 찾기도 쉽고 예방하기도 쉽다.

그러나 현공풍수와 통맥법(通脈法)에서 이런 살(殺)들을 무시해 버리는 풍조 때문에 이런 흉살(凶殺)을 범하기 쉽고, 자손들은 전혀 모르고 피해를 당하게 되는 경우가 많다. 특히 기독교 신자들은 풍수지리를 미신(迷信)으로 취급해 버리기 때문에 그저 하나님의 명(命)으로 알고 마음 편하게 피해를 감수(甘受)하고 있는 분들도 많다.

나경 4층을 보면 팔괘로 나누어져 있다. 壬·子·癸 坎卦는 오행으로 水에 해당된다. 1층 辰(土)은 4층 坎卦 水를 극(克)하기 때문에 壬·子·癸坐로 입수가 되어 辰向이 되면 용상팔살이 된다는 뜻이다.

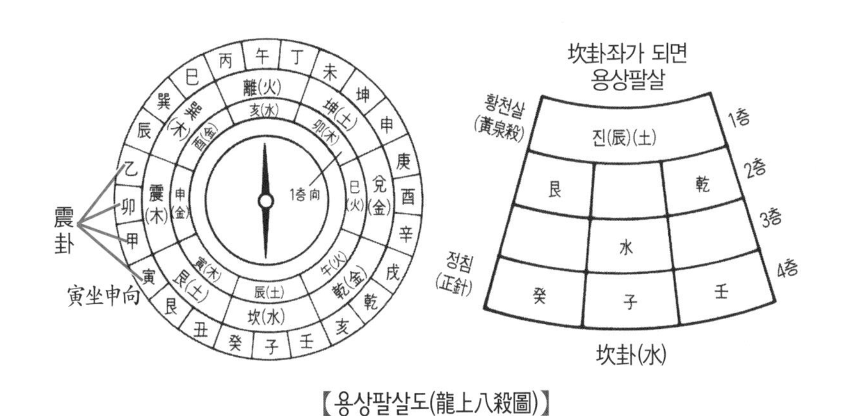

【용상팔살도(龍上八殺圖)】

우리나라의 산세를 보면 甲·卯·乙(辰卦)龍이 많은 편이다. 그런데다 乙坐의 바로 옆이 寅坐申向이기 때문에 甲·卯龍에서 寅坐를 쓰기 쉽다. 앞에서도 말했지만 이러한 흉살에 대해서 관심을 갖지 않는 계통에서는 가장 범하기 쉬운 예이다.

◉비보방법

이런 경우 左, 右旋水에 합당하게 입수와 좌향을 바로잡아 주던가 아니면 墓를 다시 쓰는 방법밖에 없다.

⑥ 쌍금살雙金殺

쌍금살은 다른 살에 비해 소홀히 취급되기 쉽다. 특히 癸·丑龍과 辛·戌龍이 길게 뻗어 내려오면 예부터 절손룡(絕孫龍)이라 하여 꺼리는 용이다. 癸丑龍이 길고 곧게 내려왔을 때 그 끝에 艮坐를 쓰면 쌍금살에 해당된다. 그러나 도두일절(到頭一節), 즉 입수처(入首處)만 짧게 癸·丑일 경우는 상관없다.

◉비보방법

다음 乙辰龍 끝에 巽坐, 丁未龍 아래 坤坐, 辛戌龍 끝에 乾坐를 쓰면 모두 쌍금살에 해당되어 3년 내에 그 피해를 입는 것으로 전해오고 있으나 사고장룡(四庫藏龍)이 길고 곧게 내려오면 쌍금살을 피한다 해도 가능하면 墓를 쓰지 않는 것이 좋다.

지사들 중에는 나경 1층과 2층에 명시되어 있는 흉살조차도 오류라고 지적하고 흉살로 보지 않는 지사들이 많다. 그러나 이는 자신의 천박한 지식을 폭로한 것이다.

『정교지리정종(情交地理正宗)』에 팔요황천수를 금기(禁忌)하고 세인(世人)이 겁내고 있으나 탐구해 본 즉 양공(楊公), 증공(曾公) 이전에는 없는 수법이다. 후지(後之) 속사술객(俗士術客)이 망가〔妄加=법에 어긋난 망언〕를 첨가하였음이 분명하다. 근거가 없고 날조된 것이다. 또한 이러한 수법을 쓰는 사람 말도 각각 다르다.

혹자는 기거수〔忌去水=破를 말함〕 불기거수〔不忌去水=得을 말함〕, 혹자는 기거수〔忌去水=去水, 破〕 출기거수〔出忌來水=得水〕라 하고 혹자는 래수거수(來水去水)가 개기〔皆忌=다 겁내고 꺼린다는 뜻〕라 하니 누구의 말이 정답인지 알 수가 없다〔필자의 저서 『과학적으로 증명하는 현장풍수_상원문화사』 358페이지에 자세히 기록되어 있으니 참조 바람〕.

위 여러 가지 답(答) 중에서 어느 것이 정답인지 찾아낼 수 없으면 풍수지리를 논할 수 없다. 왜냐하면 황천(黃泉)이란 제일 흉한 것이다. 우리가 음식을 취할 때는 영양가가 있고 신선한 것을 택해야 한다〔得〕. 소화가 된 뒤 영양가는 체내에 흡수되고 악취가 나고 더러운 찌거기는 항문을 통해 버리게 된다〔破〕.

향(向)에 대해 오행상 상극이 되는 황천방에서 득수가 되면〔破=水口〕 흉하다는 것은 자연의 이치이다. 마치 더러운 음식을 골라 먹는 것과 같다. 즉, 묘(墓)에서 좋은 방향〔吉方〕에서는 물을 얻고〔**得水**〕 나쁜 황천방에서는 물을 버려야 한다〔**破口가 되어야 한다**〕는 뜻이다.

◉ 통맥법의 오류

황천팔요수법(黃泉八曜水法)은 유설(謬說)이라고 쓴 통맥법의 이론을 쓴 『천하명당 여기에 있다』의 책을 보면 다음과 같은 사례를 들어 설명하고 있다.

예1 태룡〔巳水來 庚酉坐에 巽巳得의 뜻〕 팔요수(八曜水)인지라 대기(大忌)하다. 그러나 의왕시 고천동에 있는 청풍김씨(淸風金氏)의 墓 금계포란(金鷄抱卵)은 酉坐에 巽巳得 癸丑破이다. 그러나 장후(葬後) 삼대 영상(領相)이요 대제학(大提學) 3인, 왕비(王妃) 2인이 나온 대명당이었다. 때문에 팔요황천수는 이치에 맞지 않는 것이라고 평했다.

【오판내용】

酉坐에 巽巳得이라면 팔요황천방이 분명하다. 그러나 酉坐에 巽巳得 丑破는 삼합혈〔三合穴=巳酉丑 三合〕이 되어 여러 가지 수법을 초월한 최고의 합법이기 때문에 팔요수도 상관없이 크게 발복한 대명당임을 모르고 잘못 평가한 것이다. 삼합혈(三合穴)은 도선국사 『유산록』에서 보면 50개 혈 중 16개 혈이 삼합혈일 정도로 삼합혈이 정확하다면 다른 수살(水殺)에 상관없이 최고의 합법임을 잘 이해해야 한다.

예2 전남 나주시 반남면 봉현 박씨(朴氏) 벌명당〔蜂形〕은 甲坐 庚向에 坤申得이다. 그럼에도 이 朴氏 墓는 영상(領相)이 7명이나 나왔다면서 팔요황천수설을 정면으로 부정했기 때문에 통맥법만 믿는 지관들은 중요한 흉살을 무시해 버리기 때문에 문제가 생긴다.

【오판내용】

庚向에 坤申得이면 팔요황천살이 된다. 그러나 장사(葬事) 당시에는 丁未方에서 得水가 되었기 때문에 크게 발복했었는데, 광복 후 학교 교실이 丁未方에 들어서면서 丁未 得水處가 가려지면서 자연히 坤申方이 得水處인 것처럼 변해 버렸다. 이런 경우 비보를 하기 위해서는 교실을 허물고 未方으로 득수처를 환원시켜야 하지만 학교 교실을 허물 수도 없을 뿐만 아니라 장사(葬事) 후 크게 발복이 끝난 오래된 墓이기 때문에 유골인자가 다 소멸되었을 것으로 간주되므로 그대로 놔두는 것이 좋을 듯하다.

예3 여주 세종대왕릉은 옆 그림과 같이 子坐에 申得辰破이다. 이런 경우 辰은 土요 子는 水이기 때문에 破가 坐를 극한다고 해서 황천살로 보지 않는다. 만약 子 入首에 戌座辰向이

된다면 향(向)이 입수를 극(克)하므로 용상팔살(龍上八殺)이 되어 큰 흉살이다.

【오판내용】

그러나 위 내용처럼 辰破라면 나쁜 것(凶한 것)을 버리기(破) 때문에 살(殺)이 아니다. 여기서는 申子辰 삼합혈(三合穴)이 되기 때문에 최고의 합법혈(合法穴)인 것이다.

이처럼 삼합혈(三合穴)도 구별하지 못하고, 나경에까지 명시된 팔요살과 팔로사로황천살도 부정하면서 엉터리 자기 주장만 강조하는 것은 위험한 일이다. 만약 통맥법만을 고집하는 지사들이 이런 殺들을 피하지 않고 용사를 했다면 여러 가지 비보를 통해서 보완하던가 墓를 다시 쓰던가 해야 한다.

장태상(張泰相) 선생이 쓴 『風水總論』을 보면 무엇보다 氣의 존재에 대해서 강조하고 있다. 우주의 氣는 퍼져 있지 않는 때가 없고(時間) 퍼져 있지 않는 곳 없이 만물(萬物)을 구성하게 되는데 이에 대한 핵심(核心) 내용을 명제(命題)로 한 이론이 현공학(玄空學)이라고 했다.

기(氣)에는 태극지기(太極之氣), 음양지기(陰陽之氣), 천지지기(天地之氣), 영물지기(靈物之氣), 귀신지기(鬼神之氣), 팔방지기(八方之氣), 시운지기(時運之氣) 등 여러 가지가 있다. 모든 만물은 氣에서 나오고 氣로서 존재하게 된다고 했다. 태극(太極)은 음(陰)과 양(陽)의 두 기운으로 나누어지는 것이므로 일체 만물은 음과 양, 두 기운으로 성립된다.

기(氣)의 대립과 통일을 수(數)로 표현하면 天數는 一, 三, 五, 七, 九이고 地數는 二, 四, 六, 八, 十이다. 天數는 합이 25, 地數는 합이 30으로 균등을 이루지 못하는 것이 천지자연수(天地自然數)의 이치이다. 풍수학(風水學)이란 어떤 점에서는 인간을 개종(改宗) 또는 개량(改良)하는 학문이라고 할 수 있기 때문에 삼합법(三合法)에서도 정음정양(淨陰淨陽)을 중시하고 현공법에서도 더욱 음양(陰陽)을 중시한다.

여기까지는 현공풍수(玄空風水)의 서두(序頭)이지만 풍수지리에 관한 어떤 학설이든 모든 氣를 중심으로 다루며 역리(易理)와 음양오행(陰陽五行)을 바탕으로 다루고 있음은 공통적이기 때문에 장태상 선생의 현공풍수 이론에 대해서도 거의 긍정적이다.

그러나 『風水總論』 전체를 읽어보면 몇 가지 의심과 우려가 생긴다. 특히 현공풍수에서도 氣에 대해 중점을 두고 여러 가지로 나누고 있는데, 필자는 항상 강조하지만 풍수지리를 수백 년 전과는 달리 좀 더 과학적으로 접근해야 된다고 생각한다.

예컨대 여기서 강조된 氣의 종류는 太極之氣_태극지기 陰陽之氣_음양지기 天地之氣_천지지기 靈物之氣_영물지기 鬼神之氣_귀신지기 八方之氣_팔방지기 時運之氣_시운지기 등으로 나누고 있는데 필자의 생각으로는 천기〔天氣 : 陽〕· 지기〔地氣 : 陰〕· 사람의 심령지기(心靈之氣) 등 天地人 세 가지로 나누고 귀신(鬼神)·산신(山神) 등은 가급적 풍수지리에서는 예외로 다루었으면 한다.

산이든 육지든 간에 지기(地氣)가 있으며 높은 명산에 올라갈수록 평지에서는 느끼지 못한, 무엇이라고 표현하기 힘든 산의 氣를 느낄 수 있다. 과학적 통계는 없지만 산의 높이에 따라 필자 개인적으로는 영감(靈感)을 느낄 수 있다. 그것이 지금 세계적으로 연구에 열을 올리고 있는 심령과학(心靈科學)이 아닌가 생각된다.

그리고 여러 가지 형기(形氣)에 따라 산의 氣가 가장 강하게 뭉쳐진 곳이 진혈(眞穴)이며 그 氣가 크게 뭉친 곳일수록 대명당(大明堂)이며 그런 곳을 찾아내는 방법을 연구하는 것이 풍수지리학(風水地理學)이라 생각하면서 다음과 같이 몇 가지 우려되는 점을 적어볼까 한다.

첫째 나경에 대한 설명이다. 『風水總論』 99페이지에서는 내반(內盤)·중반(中盤)·외반(外盤)의 용도에 대한 설명을 밝혀놓고, 236페이지 현공풍수법에서는 오직 내반(內盤)만 사용한다고 기록하고 있다.
원래 현공풍수는 작자미상으로 오랜 세월 동안 내려오면서 그 내용이 이론잡설(異論雜說), 분열(分裂)된 것을 양균송과 곽박이 정리조성(整理造成)한 것으로 이 책에 기록되어 있다.
그리고 양균송 선생이 나경에 봉침을 따로 제정하여 봉침 중심으로 모든 수법(水法)을 마련했다. 그럼에도 현공풍수만이 절대적 풍수이론이라고 착각하고 있는 지사들은 가장 중요한 수법(水法)에서 오류(誤謬)를 범하게 되는데, 그로 인해 야기(惹起)되는 피해를 어찌 해야 할 것인가? 너무나도 무책임한 일이다. 그러한 묘(墓)들은 빨리 봉침으로 수법(水法)을 바로잡아 비보(裨補)를 서둘러야 한다.

둘째 현공풍수 양택론 중 東四宅과 西四宅 八宅風水에서는 坐 중심으로 坎〔子〕·震〔卯〕·巽·離〔午〕 四宅은 東四宅, 乾·坤·艮·兌〔酉〕 四宅은 西四宅에 구분되며 주택(住宅)은 사람이 거주하는 것이므로 모든 사람 역시 나이에 따라서 東四命과 西四命으로 구분, 이를 宅命이라 했다.
나이에 따라 영향을 받는 것은 당연한 이치일 것도 같으나 실질적으로 이 택명(宅命)에 따라 東四宅 西四宅이 구분되어야 한다면 부부 간에 나이가 다를 때 어떻게 되겠는가? 자녀들과 함께 살려면 어떻게 해야 되겠는가?

실제로 통계를 대보면 남자(세대주) 위주로만 연령별로 맞는 예는 30% 정도이다. 또한 男女夫婦가 다 맞도록 알맞은 집에 살고 있는 예는 거의 없다. 더구나 지금은 아파트 시대라서 거의 맞지 않다. 그러니까 실제로 활용될 수 없는 이법(理法)은 사법(死法)에 불과하다. 그러니 현실에 맞도록 쓴 양택풍수(陽宅風水) 책을 참고로 보는 것이 훨씬 현실적일 것이다. 현공풍수양택론(玄空風水陽宅論)이 전혀 맞지 않다는 것이 아니라 너무 비현실적 이론(理論)이라는 것이다.

셋째 현공풍수에서 낙서구궁(洛書九宮) 안에는 시간의 인소(因素)까지도 모두 포함되어 있으니 이러한 시간적(時間的) 인소(因素)를 삼원구궁(三元九宮)이라 한다고 설명하고 있다.
낙서(洛書)에는 아홉 개의 궁수(宮數)가 있고 지운(地運)은 한 궁(宮)에서 20년을 작용하므로 낙서구궁(洛書九宮)을 일주(一周)하려면 180년이 걸린다. 그러므로 삼원구운(三元九運)이란 일원(一元)은 60년이요, 3원(三元)은 곧 180년이 되고, 구운(九運)이란 180년이 지나가는 아홉 번의 20년간 운수(運數)라는 뜻이다.
다음은 근대(近代) 삼원구운연한표(三元九運年限表)이다. 표를 보면 서기 2004년부터 2023년까지는 8運에 해당되며 艮坐의 운(運)에 해당된다.
이러한 이법(理法)을 적용한다면 어느 혈좌(穴坐)든 지운(地運)이 바뀐다는 것이다. 이러한 이치(理致)가 맞는지 틀리는지 과학적으로 분별할 수도 없다. 맞는 지운(地運)이 지났다고 해서 20년마다 혈좌(穴坐)를 바꿀 수도 없는 일이다. 다만 참고로 할 뿐이다.

【近代 三元九運年限表】

	一運 坎	二運 坤	三運 震
上元	朝鮮 肅宗 10년~肅宗 29년 (서기 1684~1703)	肅宗 30년~景宗 3년 (서기 1704~1723)	景宗 4년~英祖 19년 (서기 1724~1743)
上元	高宗 1년~高宗 20년 (서기 1864~1883)	高宗 21년~大韓帝國 7년 (서기 1884~1903)	大韓高宗 8년~日帝侵略時代 (서기 1904~1923)
中元	四運 巽	五運 艮坤	六運 乾
中元	英祖 20년~英祖 39년 (1744~1764)	英祖 40년~正祖 7년 (1764~1783)	正祖 8년~純祖 3년 (1784~1803)
中元	(서기 1924년~1943년)	(서기 1944년~1963년)	(서기 1964년~1983년)
下元	七運 兌	八運 艮	九運 離
下元	純祖 4년~純祖 23년 (1804~1823)	純祖 24년~憲宗 9년 (1824~1843)	憲宗 10년~哲宗 14년 (1844~1863)
下元	(서기 1984년~2003년)	(서기 2004년~2023년)	(서기 2024년~2043년)

넷째 지운(地運)과 입수〔入囚=가둘 수〕이다. 『風水總論』 302페이지에 다음과 같은 기록이 있다.

지리학(地理學)에서 가장 중시하는 이론 중 하나가 지운(地運)의 연한수(年限數)이다. 그런데 지운(地運)의 연한(年限)을 무시한 채 만산도(萬山圖)나 결지(訣志) 내용의 허풍만 믿는 경우가 많다.

예를 들면 양주에서 동쪽으로 삼십 리 하에 장군대좌형(將軍大坐形)이 있는데 삼대장상(三代將相) 만대영화지지(萬代榮華之地)가 있다고 했다.

또 예산(醴山)에서 南쪽으로 삼십 리를 가면 해복형(蟹伏形)이 있는데 충청제일(忠淸第一) 대지(大地)로 성인이 나고 만대에 영화를 누리는 자리라 했고 또 전북 회문산에 있는 오선위기형(五仙圍碁形)은 50대 왕후장상(王侯將相) 지지요, 무안 승달산(僧達山) 호승예불형(好僧禮佛形)은 선인이 나오고 만대영화를 누리는 자리라 했다.

풍수지리 자체가 원래 허황(虛荒)되고 과장이 많은 것은 사실이다. 예를 들어 백자천손지지(白子千孫之地)라 했는데, 이는 실현이 어렵다. 위에서와 같이 막연한 허풍만 떨어 놓았지 어째서 만대(萬代) 영화를 누릴 수 있게 되는 혈(穴)인지, 어째서 선인(仙人)이 나오고 거부(巨富)가 나오는지에 대해서는 한마디도 언급(言及)이 없다. 10대 영화지지(榮華之地)라면 300년간 발복한다는 말이다. 만산도(萬山圖)나 결지(訣志) 내용대로라면 우리나라 도처에 300년 이상 발복이 계속될 자리가 부지기수(不知其數)로 많다는 얘기인데, 참으로 어이없는 허풍을 떨고 있다. 이러한 만산도(萬山圖)의 영향을 받은 대부분의 지사들이 유산(遊山)을 할 때나 산역(山役)을 할 때나 다 같이 만산도류의 과장을 답습하고 허풍을 떠니 실로 안타까운 일이 아닐 수 없다.

세상의 이치(理致)는 절대 수리(數理)의 이치를 이탈(離脫)할 수 없는 법인데 그 數理의 이치는 바로 역리(易理)의 범주(範疇)를 벗어나지 않는다. 그러므로 어느 곳이든 건방하장〔建房下葬 = 집을 짓거나 墓를 쓰는 일〕을 한다면 낙서구궁수(洛書九宮數)에 의해서 지운(地運)이 결정되어 있다는 말이다. 이 낙서구궁수의 이치에서 비롯된 현공학(玄空學)을 알게 되면 옛날 지선(地仙)들이 모든 자리마다 운기(運氣)가 몇 년씩 간다고 예언했던 대로 들어맞았던 이치를 확연히 이해하게 될 것이다.

다음에 기재된 좌·향의 연한표(年限表)를 보면 지운(地運)은 막연한 영감(靈感)이나 짐작으로 정하는 것이 아니라는 것을 납득하게 될 것이다. 이 연한표는 어느 좌향이든 고정된 연한수대로 발복하고 마는 것인가 하는 의심을 할지 모르나 앞으로 설명할 성문법(城門法), 체괘론(替卦論), 칠성

타겁(七星打劫) 등의 방법을 깨우쳐 활용할 줄 알고 형기(形氣)에 있어서 대간(大幹) · 소간(小幹) · 대지(大枝) · 소지(小枝) 등 어느 것에 해당되는 용맥(龍脈)인가를 가릴 줄 안다면 지운(地運)의 장단과 길흉에 대해서는 손바닥을 보듯이 쉽게 예언할 수 있으므로 지선(地仙)의 자리를 양보할 필요가 없을 것이다.

여기까지는 장태상선생이 쓴 『風水總論』 내용 중 일부 요점만 부분적으로 옮긴 것이다. 이 책을 보면 만산도(萬山圖)나 옛 고서(古書) 등에서 너무도 현실에 맞지 않는 허풍을 떨고 있다는 사실이 여기저기서 나타난다. 그러나 냉정하게 비판한다면 『風水總論』에 나오는 내용 자체가 너무나도 현실과 거리가 멀고 실현 불가능한 허풍이 많음을 필자는 지적하지 않을 수 없다.

이론잡설(異論雜說)로 얽혀진 내용을 보자면 양공(楊公)이 재정한 수법용(水法用) 봉침을 무시하고 정침만으로 보는 이법(理法)으로 처리한다면 마치 스마트폰 시대에 옛날의 전화기를 선호하는 것과 같다.

양공은 통맥법의 오류나 현공풍수의 비현실적 내용을 분석 용해해서 새로운 이법(理法)을 만들어 후세에 남겼으니 그 속에는 음양오행(陰陽五行)과 역리(易理), 낙서구궁법(洛書九宮法) 등 모두 빠짐없이 용해되어 있으므로 그것이 바로 현대적 정통풍수임을 자각하고 바르게 배우고 바르게 인식하려는 사람은 비현실적인 허풍에 속지 않을 것이다. 또 허풍 속에는 반드시 허욕(虛慾)이 작용되고 있으니 효심(孝心)이 강하고 순박한 묘주(墓主)들의 피해가 없기를 기원할 뿐이다.

옛부터 부모, 조상님들을 좋은 자리에 모시려고 노력하는 사람일수록 자기 자신은 풍수지리에 대한 상식이 없기 때문에 감언이설로 속이는 지관(허풍쟁이, 탐욕이 많은, 깊은 연구가 없는)들에게 속아 용사(用事) 후 피해를 입고 있는 사례가 많으니 用事를 하기 전에 정보를 탐지(探知)하여 허풍 치지 않고, 돈 욕심 내지 않으며, 연구가 깊고 정직한 지관을 선택해야 소기의 목적을 달성할 수 있다.

다음은 지운연한표(地運年限表)인데, 이 역시 좌향(坐向)의 연한표(年限表)와 같이 낙서구궁수(洛書九宮數)에 의해서 지운(地運) 또는 발복(發福)의 연한수가 결정된다는 것이다.

필자의 체험으로는 중국의 한자문화에 의한 풍수지리 역시 과거로 거슬러 올라갈수록 과장과 허풍이 많으며 추상적(抽象的)이고 비과학적인 내용도 많다. 그렇다면 양균송, 곽박 이후의 풍수이론으로 후세(後世)에 이루어진 정비된 이론을 배척(排斥)함은 큰 모순(矛盾)이다.

【지운연한표】

예 : 五運의 地運

壬山 丙向	運 80년	丙山 壬向	運 100년
子山 午向	運 80년	午山 子向	運 100년
癸山 丁向	運 80년	丁山 癸向	運 100년
丑山 未向	運 120년	未山 丑向	運 60년
艮山 坤向	運 120년	坤山 艮向	運 60년
寅山 申向	運 120년	申山 寅向	運 60년
甲山 庚向	運 40년	庚山 甲向	運 140년
卯山 酉向	運 40년	酉山 卯向	運 140년
乙山 辛向	運 40년	辛山 乙向	運 140년
辰山 戌向	運 20년	戌山 辰向	運 160년
巽山 乾向	運 20년	乾山 巽向	運 160년
巳山 亥向	運 20년	亥山 巳向	運 160년

책을 맺으면서

한 권의 책을 맺는 말이라기보다는 필자의 인생을 끝맺는 심정인 것 같다. 하루에 한 장씩 써 모았더니 한 권의 책이 되듯이 세월 또한 일 년 여가 지나간 듯하다.

이제까지 풍수지리서를 발간한 것도 서울에 있는 출판사에서 4권, 광주에 있는 출판사에서 3권, 그 외에 여러 일반도서 등을 출판하여 필자의 유적으로 후세에 남길 수 있게 되었다. 끝으로 도선국사의 비보풍수를 썼으니 후손과 후세에 길이길이 남기고 싶은 심정이다.

비보란 부족한 것을 보완한다는 뜻으로, 풍수에서만 필요한 것이 아니라 필자의 인생살이에도 필요했었다. 인생 90의 여정은 길고 길었지만 하루하루의 누적이었다. 따라서 그 하루하루가 소중했기 때문에 필자는 항상 성실하게 최선을 다해 왔다고 자부한다.

필자가 어렸을 때 가장 가난한 어린이를 뽑으라고 했다면, 아버지도 없고 가난했던 필자가 뽑혔을 것이다. 그러나 하늘처럼 넓은 사랑을 조부님으로부터 받았기에 어린 마음속에서라도 필자의 꿈이 충실하게 자랄 수 있었다. 47년간의 교직생활에서도 어느 누구보다 성실하고 보람 있는 나날을 보낼 수 있었다.

필자는 지금 아무런 미련도 후회도 없다. 다만 마지막으로 '영원한 희망'이라는 책 한 권만 더 써서 필자의 후손들에게 남기고 싶다. 후손들이 필자의 유언이라 생각하고 가슴깊이 새겨, 국가와 사회에 공헌해 줄 것을 간절히 바랄 뿐이다.

끝으로 이 책을 편집하는데 물심양면으로 늙은 필자를 도와주신 전북 순창군 순창읍 남계리 583번지에 거주하시는 백탄(白呑) 조순엽(曺淳燁) 회장님과 풍수지리 모임에 동참하면서 애정과 정성으로 이 책을 출판할 수 있도록 끝까지 도와준 광주에 거주하고 있는 양호기(梁鎬琦), 양흥렬(梁興烈), 안두순(安斗淳), 반재도(潘在道)에게 무한한 감사를 드림과 동시에 필자의 자손들까지도 그 은혜를 잊지 않기를 바란다.

도선국사 비보풍수

1판 1쇄 인쇄 | 2016년 03월 09일
1판 1쇄 발행 | 2016년 03월 15일

지은이 | 박봉주
펴낸이 | 문해성
펴낸곳 | 상원문화사
주소 | 서울시 은평구 증산로 15길 36(신사동)
전화 | 02)354-8646 · 팩시밀리 | 02)384-8644
이메일 | mjs1044@naver.com
출판등록 | 1996년 7월 2일 제8-190호

책임편집 | 김영철
표지 및 본문디자인 | 개미집

ISBN 979-11-85179-17-9 (03180)

이 도서의 국립중앙도서관 출판예정도서목록(CIP)은 서지정보유통지원시스템 홈페이지(http://seoji.nl.go.kr)와 국가자료공동목록시스템(http://www.nl.go.kr/kolisnet)에서 이용하실 수 있습니다.(CIP제어번호: CIP2016001247)